훈련으로 되는 더 행복한 부부

훈련으로 되는 더 행복한 부부

1쇄인쇄 2009년 4월 1일

지은이 놀만 라이트
옮긴이 박윤정
발행인 김용호
발행처 나침반출판사
등 록 1980년 3월 18일 / 제2-32호
주 소 110-616 서울 광화문 사서함 1641호
전 화 대표 (02)2279-6321 영업부 (031)932-3205
팩 스 본사 (02)2275-6003 영업부 (031)932-3207

www.nabook.net
nabook@korea.com
nabook@nabook.net

ISBN 978-89-318-1397-5 03230
책번호 바-3054

· 값은 뒷표지에 있습니다.
· 잘못 만들어진 책은 구입처나 본사에서 바꿔드립니다.

훈련으로 되는
더 행복한 부부

나침반

「누군가 내게 물었다오
언제 당신들의 우정이 막을 내리고
사랑의 단계로 접어들었느냐고…
하지만, 여보
그건 비밀이지 않소
우리의 우정은
결코 끝나지 않을 테니 말이오.」 (루이스 와이즈)

contents

제1부 결혼에 대한 묵상과 의미

    1. 결혼이라는 길   8
    2. 결혼의 의미   21

제2부 더 행복한 부부로 만드는 8가지

    1. 우정   32
    2. 태도   44
    3. 사랑   52
    4. 친밀함   75
    5. 대화   93
    6. 경청   112
    7. 자존감   125
    8. 은혜   148

결론   173

제 **1**부
결혼에 대한
묵상과 의미

1. 결혼이라는 길

어떠한 여행이든지 그 시작에 앞서서 당신은 갈 수 있는 많은 길들 가운데 반드시 한 가지 행로(行路)를 선택해야만 할 것입니다. 그리고 일단 당신이 갈 길을 정했다 하더라도, 출발하기 전까지는 여행할 곳의 상세한 형편을 잘 알고 있지는 못할 것입니다.

보통 등산가와는 달리, 결혼이라는 산행(山行)을 하려는 사람은 산길을 가는 동안 자세히 그려진 지도 한 장에만 매어달릴 수도 없고, 산지기를 붙들고 귀찮게 굴 수도 없는 처지입니다. 그에게는 앞으로 가야 할 길이 얼마나 남았는지, 또 얼마만큼 험할는지 일러주는 안내판조차 주어져 있지 않습니다.

이제, 산에 오르려고 산기슭에 서 있을 한 사람의 모습을 머릿속에 그려보십시오. 그의 앞에는 많은 길들이 놓여 있지만 그는 꼭 하나의 길을 선택해야 합니다. 하지만 어떤 길도 완전히 평탄하거나 쉽게 내려갈 수 있는 미끄럼길은 아닙니다. 각각의 길 모두가 산에 오르고자 하는 사람의 노력과 기운, 참을성, 끈기, 그리고 일정한 속도의 걸음을 필요로 합니다.

　행로를 잡아 한 발짝씩 산길을 오르던 그 사람은 잠시 주변을 둘러보며 즐거움을 누리는 시간을 갖기도 합니다. 여기에서 그는 새 힘을 얻어 평안해지며 발걸음도 가볍게 됩니다. 그는 날짐승들의 울음 소리와 산바람 부는 소리에 귀를 기울이게 됩니다. 무디었던 그의 후각은 수풀과 꽃에서 흘러나오는 향기에 새롭게 깨어납니다. 산을 오르느라 그냥 지나쳐왔던 이름 모를 싱싱한 꽃들과 포플라나무의 껍질, 통통한 솔방울, 바위 위에서 쉬고 있는 얼룩 다람쥐, 그루터기들, 그리고 늘 무엇인가를 경계하는 듯한 자세로 머리 위를 조용히 맴돌고 있는 매의 모습이 서서히 눈에 들어오기 시작합니다. 이런 식으로 주위 환경에 익숙해져서 그는 숨이 찬다거나 힘들어 하지 않게 됩니다.
　가끔 쉬어감으로써 그는 지치지 않고 등산을 온전히 즐길 수 있었던 것입니다. 쉬어갈 때, 기운을 차리고 힘을 북돋을 수 있게 됩니다.
　당신의 결혼을 지금 이 사람의 경험처럼 하나의 여정(旅程)으로 생

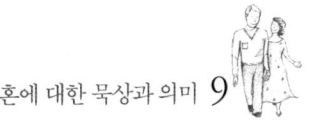

제1부 결혼에 대한 묵상과 의미

각해보십시오. 비슷한가요? 아니면 결혼을 성공적으로 이끌어보려고 미친듯이 몸부림치며 서두르다가 결국엔 실패만 거듭하고 있지는 않은지요?

당신은 바라는 어떤 것을 얻기 위해 하던 일을 멈추고서 가끔 방향을 점검하거나 힘을 공급받는 시간을 갖습니까?

아까 그 사람이 자신의 갈 길을 계획했던 것처럼, 당신은 결혼에 대한 기대를 평가해보고 분명하게 하며, 성공적인 결혼을 위해 해야 할 일을 생각해보았습니까?

등산할 때와 마찬가지로 목표를 세우는 것은 결혼에서도 필수적인 일입니다.

당신은 결혼의 목표를 세웠습니까?

당신의 결혼 생활은 지금 어떤 방향으로 나가고 있습니까?

그리고 당신은 어떤 방향으로 나아가길 원합니까?

너무도 많은 결혼들이 양쪽 배우자 모두에게 만족을 주지 못하고 둘의 관계를 허물어가는 행동들로 얼룩져 있습니다.

산을 오르는 사람은 힘든 여정 가운데 험하고 가파른 길을 만나기도 합니다. 이런 길을 통과하기 위해 그는 더 많은 주의와 노력을 기울입니다. 어떤 때는 온통 바위와 돌무더기로 포장된 길을 걷기도 합니다. 또 가끔은 길 한가운데 쓰러져 있는 나무 때문에 다른 길로 돌아가기도 합니다.

경험 많고 노련한 사람들은 이러한 어려움을 있는 그대로 받아들이고 슬기롭게 대처해나감으로써 산행에서 얻을 수 있는 즐거움을 놓치지 않으려고 합니다. 그리고 만일 부딪친 문제에서 벗어났을 때 얻을 수 있는 유익이 무시해도 좋을 만하다면, 그는 그 어려움에 골몰하지 않습니다.

이것은 역시 결혼 생활에도 적용이 됩니다. 수많은 난관과 갈등, 문제에 부딪치게 될 때(결혼에는 이러한 것들이 늘 따르게 마련이죠), 배우자들은 모든 관심과 정열을 오로지 거기에다만 쏟게 되기 쉽습니다. 결혼 생활이 주는 기쁨과 즐거움에는 눈을 돌리지 못하고, 그들은 오히려 그것마저도 어둡게 만드는 방향으로 삶을 이끌어갑니다. 그러나 결혼 생활의 긍정적인 측면은 다른 어려움들도 견딜 만하게 해주며 부부 관계를 견고하게 만들어줍니다.

당신의 관심은 어디에 쏠려 있습니까? 당신은 망원경으로 보듯 마

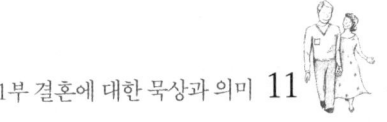

음에 걸리는 문제점들을 확대하여 생각하고 있지는 않습니까? 아니면 그런 문제들에 결혼 생활의 다른 부분들과 같은 정도로만 비중을 두고 있습니까?

부딪치는 어려움으로 인해 신경이 곤두서 있거나 반대로 침체되어 있지는 않은지요?

결혼 생활이 주는 압박과 책임감을 당신 혼자서만 감당해보려고 합니까? 아니면 당신을 능히 떠받쳐주실 수 있는 하나님의 도움을 받겠습니까?

성경이 당신의 결혼 생활을 지배하는 근본 원리입니까?

"주의 말씀은 내 발에 등이요 내 길에 빛이니이다"(시편 119:105)

또 야고보서 1장 2,3절 말씀을 당신의 부부 관계에 적용시켜 보았습니까?

"내 형제들아 너희가 여러 가지 시험을 당하거든 온전히 기쁘게 여기라 이는 너희 믿음의 시련이 인내를 만들어 내는 줄 너희가 앎이라."

성경 말씀을 결혼 생활에 적용한다는 것이 너무 딱딱하고 어색하다구요?

사실 그렇지 않습니다. 만약 당신이 성경 말씀을 진리로 알고 결혼 생활에 적용시켜본다면, 그것은 당신이 누리게 될 평안함의 근원이 될 것입니다. 결혼은 하나님께서 당신을 그분이 원하시는 남자나 여자로 빚어가시기 위해 사용하는 훈련 과정들 가운데 하나인 것입니다.

하나님께서는 당신의 결혼 생활 가운데에 전혀 뜻밖의 일들을 허락하실 수 있습니다. 때로는 그것이 궂은 일일 수도 있겠지요. 집이나 일자리를 잃었을 때, 휴가가 취소되었을 때, 혹은 귀한 유품(遺品)이나 결혼 사진이 화재로 인해 소실되었을 때, 그것을 기뻐하기란 정말 어려운 일입니다. 세 번째의 유산(流産), 자녀의 죽음, 결혼 초에 배우자를 영원히 불구로 만든 갑작스런 사고. 이런 일들 앞에서 당신은 하나님께 당연히 의문을 제기할 것입니다.

이러한 극적인 돌발 사고를 만나게 될 때, 당신은 선택의 갈림길에 서게 됩니다. 당신과 배우자, 그리고 결혼 생활 자체를 해치게 될 비통함과 원한, 끓어오르는 분노와 좌절의 길이 한 편에 놓여 있습니다.

그리고 이것과는 다른 또 하나의 길이 있습니다. 그 길은 결혼 생활을 통해 받게 되는 상처와 고통을 말끔히 없게해주겠노라고 떠벌이지 않습니다. 하지만 당신이 그 길을 따라 걷는다면 당신과 배우자, 그리고 결혼 생활은 더욱 견고해지고 성숙해질 것입니다. 즉, 이것은 삶의 역경을 기꺼이 받아들이고 하나님을 의지하며 고난을 통해 인생을 배우기로 마음먹는 길입니다.

생각지 못한 사건 앞에서 어떤 반응을 보이는가 하는 것은 당신에게 달린 문제입니다. 하나님께서 인간에게 그런 것을 결정할 수 있는 능력과 자유를 주셨으니까요. 솔직히 당신은 일어나지 않았던 일로 생각하고 싶을 것입니다. 그러나 상황을 변경시킨다는 것은 불가능합니다. 이러할 때 당신은 허심탄회하게 다음과 같이 기도할 수 있습니다.

"제가 하나님이라면 이렇게 하지만은 않았을거 같은데… 하지만 이왕 이렇게 되었으니… 주님, 전 어떻게 해야 하죠? 이번 일을 통해 무엇을 배워야 하나요? 어떻게 제가 성장하고 변화될 수 있을까요? 또 이 모든 것을 통해 어떻게 주님께 영광돌릴 수 있는가요?"

당신도 이런 자세를 가질 수 있습니다. 아니면 정반대로, 세상 사람들이 불행이라고 생각하는 당신이 처한 상황을, 온통 자신을 파멸시키고 감정을 상하게 하는 방향으로 내몰아서, 마침내는 정말 결혼을 상처만 남는 비극으로 끝내버릴 수도 있습니다.

나와 아내 조이스는 겉보기에는 절망스러운 상황 가운데서도 믿음을 잃지 않고 하나님께 의지하는 생활을 해왔습니다. 우리 부부에게는 이제 열일곱 살이 된 딸 셔릴과 열한 살 된 아들 매튜가 있습니다. 그런데 매튜는 정신 연령이 한 살 수준도 되지 않습니다. 매튜는 뇌를 다쳐서 앞으로 그의 몸이 계속 자란다 해도 정신 연령은 결코 세 살 수준을 넘지 못하게 될 것 같습니다. 매튜는 걸을 수는 있지만, 말하고 스스로 먹고 용변 가리는 일은 못합니다. 다시 말해 그는 심각한 정신박약아입니다.

우리 부부는 그런 아이를 갖게 되리라고는 상상도 못했습니다. 우리는 대학을 졸업하면서 바로 결혼했고 계속하여 신학교와 대학원 과정을 밟은 후에 어느 지역교회에서 사역하게 되었습니다. 그로부터 몇 년 후, 매튜가 태어났고 우리는 그 아이를 키우면서 많은 것을 배우고 성숙해갔습니다.

본래 나는 여러 모로 볼 때 이기적이고 성급한 성격의 사람이었습니다. 그러나 매튜의 아버지가 되면서 인내심을 배워갈 수 있게 되었습니다.

당신 아이가 물건에 손을 뻗쳐서 그것을 가지고 만지작거릴 수 있게 될 때까지 기다리면서, 그리고 그 아이가 걸음마를 배울 때까지 삼사 년을 기다리면서 당신은 인내심을 기르게 될 것입니다. 또한 우리 부부는 자신의 욕구와 상태를 말로 전달하지 못하는 사람에게 민감해질 수 있게 되었습니다. 매튜가 무엇을 말하려고 하는지 알아내기 위해 우리는 그 아이의 행동을 분석해내야만 했습니다.

물론 조이스와 나는 이런 과정을 거치면서 성장하고 변화되어 갈 수 있었습니다. 마음이 아팠고 절망에 빠져 눈물이 나는 때도 많았지만, 대부분의 사람들은 지극히 당연한 것으로 받아들일 수도 있는 아주 작은 진전이 매튜에게서 보일 때, 우리는 기쁨으로 하나님께 감사드릴 수 있었습니다. 「매튜」(Matthew)라는 이름에는 "하나님이 주신 선물"이라는 뜻이 들어 있는데 정말 이름대로 매튜는 우리에게 주어진 하나님의 선물이었습니다.

어쩌면 우리는 매튜로 인해 너무도 쉽게 실망과 좌절의 쓰디쓴 길로 들어섰을지도 모릅니다. 그 길로 갔다면 우리 두 사람 모두 성장하기 어려웠을 것이고, 아마 매튜를 우리 두 사람 사이를 갈라놓는 골치덩어리로 취급해버렸을 것입니다. 그러나 하나님께서 우리가 믿음의 길을 갈 수 있도록 도와주셨고, 그 결과 우리는 둘 다 성장 할 수 있었습니다.

우리가 성장하는 데는 여러 해의 세월이 필요했습니다. 우리가 가는 길에는 험난한 모퉁이와 꼬부랑길도 있었습니다. 하지만 입이 딱 벌어질 만큼 너무나도 멋진 풍경과 넓고 아름다운 초원도 있었고, 옛일을 회상해보는 풍요로운 시간들도 가질 수 있었습니다.

아내와 나는 하나님께서 역사하시는 방법에 대해 무엇인가를 알 수 있게 되었습니다. 비록 우리 부부는 깨닫지도 못하고 있었지만 하나님께서는 매튜가 태어나기 수년 전에 이미 우리로 하여금 그 아이의 탄생을 준비하게 만드셨습니다.

신학교 시절, 나는 학위논문을 쓸 때 주제를 정하지 못해서 한 여교수님을 찾아가 자문을 구하고 논문 제목을 받아 온 적이 있었습니다. 그 제목은 바로 "정신박약아를 위한 기독교적 교육"이었습니다. 그 분야에 완전 문외한이었던 나는 급하게 배워나가기 시작했습니다. 책을 읽고 강의도 듣고 병원이나 집에서 그런 아이들을 다루는 과정을 견학하기도 했습니다. 결국 논문을 완성했지만 세 번 만에야 겨우 통과될 수 있었습니다.

그 후 나는 대학원에서 심리학을 공부했는데, 정신박약아만 모아 놓은 학교들을 돌며 수백 시간의 임상 실습을 해야만 했습니다. 거기서 나는 정신박약아를 테스트하여 능력에 맞게 반 편성하는 일을 담당했습니다.

그리고 어느 교회의 교육 목사로 6년간 재직하면서 나는 교회측으로부터 정신박약아를 위한 주일학교 프로그램을 구상해보라는 제안을 받았습니다. 그래서 그것을 위해 교과 과정을 짜는 일과 교사 양성까지도 맡아서 해야 했습니다.

매튜가 태어나기 이 년 전 어느 날 저녁, 조이스와 내가 대화를 나누던 중 이런 말을 한 것 같습니다.

"지금 하고 있는 일들이 재미있지 않으세요? 그간 우린 너무도 많은 것을 배운 것 같아요. 어쩌면 하나님께서 앞으로 닥칠 일을 위해 이런 일들을 통해 우리를 미리 준비시키고 계신지도 모르겠어요."

이것이 우리 대화의 전부였습니다. 우리 중에 누가 이 말을 했는지는 전혀 기억이 나지 않습니다. 그런 다음 이 년 후, 매튜가 태어났고 팔 개월 만에 발작 현상을 일으켰습니다. 매튜의 정상적인 발육이 불확실해지자 우리는 곧 깊이 근심하였습니다. 그러나 그때 우리는 이 일을 위해 하나님께서 어떻게 우리 두 사람을 준비시켜 오셨는가를 점차 깨닫기 시작했습니다.

결혼 생활을 해나갈 때, 앞으로 어떤 일이 일어날지 미리 알 수는 없습니다. 그렇다고 해서 지난 일을 자꾸 되돌아보는 것은 어리석습니다. 당신에게는 문제가 생길 때마다 되돌아가야 할 구심점이 필요합니다. 히브리서 12장 1,2절에 이런 말씀이 있습니다.

"인내로써 우리 앞에 당한 경주를 하며 믿음의 주요 또 온전하게 하시는 이인 예수를 바라보자."

당신은 미래를 내다볼 수는 없지만 예수님을 바라볼 수는 있습니다. 결혼 생활 가운데 개인적으로 혹은 부부가 함께 어떤 형태로든지 어려움에 부딪치게 될 때, 하나님께서 그것을 위해 어떻게 당신을 이끌어오셨는가를 생각해보십시오. 당장은 깨닫지 못한다 해도 하나님께서 당신 삶을 간섭해오신 것만은 분명합니다. 당신이 살아가면서 만나게 되는 어려움에 대처할 수 있게 해줄 수단과 방법들이, 바로 그것이 필요한 때를 위해 미리 준비해오신 하나님을 통해 당신 손에 이미 쥐어져 있음을 알게 될 것입니다. 이제 다음 말씀이 당신에게 새롭게 와닿을 것입니다.

"내 은혜가 네게 족하도다"(고린도후서 12:9)

이사야서 42장 3절 말씀도 그럴 것입니다.

"상한 갈대를 꺾지 아니하며 꺼져가는 등불을 끄지 아니하고."

2. 결혼의 의미

하나가 된다는 것

결혼이라는 이 흥미진진한 모험의 정체는 과연 무엇일까요? 누가 무슨 의도로 결혼을 만들었을까요?

창세기 2:18~25절 말씀을 보면 결혼은 하나님께서 신성한 의도를 가지고 세우신 것이라고 되어 있습니다.

"여호와 하나님이 이르시되 사람이 혼자 사는 것이 좋지 아니하니 내가 그를 위하여 돕는 배필을 지으리라 하시니라 여호와 하나님이 흙으로 각종 들짐승과 공중의 각종 새를 지으시고 아담이 무엇이라고 부르나 보시려고 그것들을 그에게로 이끌어 가시니 아담이 각 생물을 부르는 것이 곧 그 이름이 되었더라 아담이 모든 가축과 공중의 새와 들의 모든 짐승에게 이름을 주니라 아담이 돕는 배필이 없으므로 여호와 하나님이 아담을 깊이 잠들게 하시니 잠들매 그가 그 갈빗대 하나를 취하고 살로 대신 채우시고 여호와 하나님이 아담에게서 취하신 그 갈빗대로 여자를 만드시고 그를 아담에게로 이끌어 오시니 아담이 이르되 이는 내 뼈 중의 뼈요 살 중의 살이라 이것을 남자에게서 취하였은즉 여자라 부르리라 하니라 이러므로 남자가 부모를 떠나 그의 아내와 합하여 둘이 한 몸을 이룰지로다 아담과 그의 아내 두 사람이 벌거벗었으나 부끄러워하지 아니하니라."

하나님께서는 아담의 '사귐'(companionship)을 위해 결혼 제도를 제정하셨습니다. 영국의 시인 밀튼(John Milton)이 "고독은 하나님이 보시기에 좋지 않았던 최초의 것이었다"고 말했듯이, 혼자 쓸쓸히 지내는 것은 하나님의 창조 사역의 의도에 어긋나는 것입니다. 하나님께서는 아담이 다른 사람들과 어울려 살도록 하셨는데, 그 최초의 "타인"(他人)이 바로 여자였습니다.

하나님께서는 아담의 '완전함'(completeness)을 위해 결혼 제도를 제정하셨습니다. 여자는 "돕는 배필"(창세기 2:18)로서 남자의 부족한 점을 보충해주는 짝으로 지음받았습니다. 여자는 남자의 삶이 완전해지도록 도와주는 존재입니다(여자의 삶 역시 남자를 돕는 가운데 완전해져갑니다). 여자는 남자와 깊은 교제를 나누는 가운데 남자를 그 자신만의 세계로부터 좀더 넓은 세계로 이끌어내는 책임있는 일을 해낼 수 있습니다.

부부는 결혼을 향한 하나님의 목적인 '함께 살아가면서 완전해지는 삶'을 실제적으로 이루어갑니다. 부부는 서로 닮아가며 또한 서로에게 속하게 됩니다.

드와이트 스몰 박사(Dr. Dwight Small)는 이러한 부부 관계를 다음과 같이 설명하고 있습니다.

「남녀가 부부관계로 맺어지게 되면 그들의 인간성은 완전한 인격으로 회복해간다…여자가 남자를 위해 지음받았다는 이 사실 앞에서 남자는 우쭐해 하고 여자는 고개를 숙이게 된다. 남자는 여자 없이 불완전하다는 이 사실 앞에서 여자는 우쭐해 하고 남자는 고개를 숙이게 된다. 결국 양쪽 모두 동일한 존엄성과 가치를 갖게 되는 것이다. 또한 서로에 대해 겸손해질 수밖에 없게 된다. 각자는 상대방을 완전하게 해주는 동시에 상대방에게 의존할 수밖에 없는 존재들이다.」(드와이드 스몰, Christian: Celebrate Your Sexuality, Old Tappan, New Jersey)

한편, 스몰 박사는 『'내가 할께'라고 당신이 말한 후에』(After You' ve Said I Do)라는 그의 저서에서 성경이 위의 내용과 모순되지 않게 역시 평등주의적이고 민주적인 결혼관을 가지고 있음을 강조하고 있습니다.

「부부 각자의 동등한 존엄성과 지위가 보장되지 않고서는 진정한 하나됨은 불가능하다. 여자는 남자로부터 만들어졌지만, 모든 책임을 남자와 함께 지며 모든 특권을 남자와 함께 누려야 한다. 이것이 곧 결혼을 통해 이루고자 하는 목표이다.」 (드와이드 스몰, 『'내가할께'라고 당신이 말한 후에』Old Tappan, New Jersey)

창세기 2장 24절에서는 "떠나다"와 "연합하다"라는 두 단어가 특별히 강조되고 있습니다.

『떠난다』는 것은 "또하나의 새로운 관계를 세우기에 앞서서 옛 사람들과의 관계를 책임있게 끊고 포기함"을 뜻합니다. 불행하게도 많은 사람들이 몸은 집을 떠나지만 정신적으로는 여전히 매여 있어서 말씀대로 행하지 못하고 있는 것을 보게 됩니다. 자기 집안일과 부모에게 집착하던 것에서 벗어나 배우자에게 관심을 돌려야 합니다. 그렇다고 해서 부모님을 소홀히 하고 무시해도 좋다는 뜻은 아닙니다. 그보다는 자신의 배우자에게 책임을 다할 수 있도록, 엄마 품이 그리워 돌아간다는 식의 의존적인 자세를 과감히 버릴 수 있어야만 한다는 것입니다.

『연합한다』는 뜻은 "접착되어 서로 떨어지지 않는다"는 것입니다. 남자와 여자가 연합하면 그들은 한 몸이 됩니다. "한 몸"이라는 말은 결혼을 향한 하나님의 의도인 하나가 되는 것과 완전함에로 나아가는 것, 그리고 변치 않을 영속성을 함축적으로 담은 멋진 표현입니다. "한 몸"이란 독특한 하나됨입니다. 그 이유는 육체적인 결합 뿐만 아니라 서로의 삶 전반에 걸쳐서 친밀함으로 하나 되는 것이기 때문입니다.

줄리우스 A. 프리츠(Julius A. Fritz)는 한 몸이 된다는 것에 대해 이렇게 말하고 있습니다.

「결혼이란 두 개인이 각자의 고유함을 그대로 간직한 채 감정적으로 융화되어 마침내는 둘이서 꼭 한 사람처럼 일을 수행해 나가게 되는 것을 말한다. 이에 대한 성경적 개념이 창세기 2장 24절의 "한 몸"이다.」(J. A. 프리츠, The Essence of Marriage, Grand Rapids, Michigan : Zondervan, p. 24)

계속하여 프리츠는 두 덩어리의 진흙을 가지고 한 몸을 설명합니다. 만약 당신의 왼손에는 검푸른 진흙덩어리가, 그리고 오른손에는 옅은 빛깔의 푸른 진흙덩어리가 들려져 있다면, 당신은 색조(色調)의 차이를 분명히 알 수 있을 것입니다. 하지만 그 두 덩어리를 함께 섞어서 반죽해놓고 보면 그것은 그저 푸르죽죽한 한 덩어리의 진흙으로만 보일 것입니다. 그러나 좀더 자세히 들여다보면, 서로 다른 두 덩어리가 섞여 있는 것을 발견하게 됩니다.

부부 관계도 이와 같습니다. 두 사람이 어우러져 마치 하나처럼 보일지라도 각각의 개성은 분명하게 남아 있게 됩니다. 이것이 바로 두 사람 사이에 존재하는 또 하나의 새로운 삶입니다.

그리스도인의 결혼에는 두 배우자 외에도 제 3의 인물이 함께 결합하게 됩니다. 곧 부부 관계를 의미있게 하시고 바른 길로 이끌어주시는 예수 그리스도입니다. 그래서 그분께서 결혼을 주관하실 때에만 진정한 의미의 "그리스도인의 결혼"이 성립합니다.

결혼이란 무엇일까요? 아래와 같은 정의(定義)를 생각해 봅시다.

「결혼이란 한 자루의 가위와도 같이 양편이 꼭 맞물려 있어서 떨어지지 않는 것이다. 양쪽 날은 종종 반대 방향으로 나갈 때도 있지만 누구든지 그 둘 사이로 끼어들기만 하면 응분의 벌을 받게 된다.」 (Sydney Smith, Lady Holland's memoir, Vol. 1. London : Longman, Grown, Green and Longman, Capter 10.)

「결혼은 완벽함을 요구하지는 않는다. 그러나 거기엔 우선권이 주어져야만 한다. 결혼은 죄인된 우리 인간들을 위한 제도이다. 우리가 죄인이 아니라면 결혼 생활을 지키기 위해 그렇게 많은 수고를 하지 않아도 된다. 하지만 사랑과 공의로 우리를 양육하시는 하나님의 궁극적인 훈련 과정으로서 이 모든 수고로움을 받아들일 때, 결혼은 그 자체로 충만한 영광이 되는 것이다.」 (Dr. David Hubbard - 풀러 신학교 교장 역임 - 의 설교 중에서)

그리스도인의 결혼은 예수 그리스도에 대한, 그리고 서로서로에 대한 두 배우자의 전적인 헌신을 뜻합니다. 그들의 결혼에는 숨기는 것이 하나도 없습니다. 결혼은 서로간의 충성됨과 복종을 다짐하는 서약입니다.

또한 그리스도인의 결혼은 물체를 용해시키는 액체와도 같습니다. 왜냐하면 그들의 결혼은 배우자를 자유롭게 풀어주어서 그들로 하여금 바로 그들 자신이 되도록 해주며 또한 하나님께서 원하시는 사람이 되도록 이끌어주기 때문입니다.

하나님께서 당신의 결혼을 이런 식으로 사용하고 계십니까?

그분께 그렇게 해달라고 구하십시오. 그러면 하나님께서 능히 이루어주실 것입니다.

제 2 부
더 행복한 부부로 만드는 8가지

1. 우정

낚시 여행을 함께 하며

숲으로 나 있는 좁고 울퉁불퉁한 길의 끝에 다다라서 우리는 차를 세웠습니다. 우거진 나무들 틈 사이로 테튼 국립공원(the Grand Teton National Park)에 있는 카튼우드 강(Cot-tonwood Creek)의 넓게 펼쳐진 광경이 눈에 들어왔습니다. 나와 내 친구는 차에서 내린 후, 낚시 장비를 갖추고 가장 얕은 지점을 찾아내어 시냇물을 건너가기 시작했습니다.

나는 평소보다 상당히 천천히 건넜는데, 그것은 내 친구가 생전 처음 이런 급한 물살을 건너보기 때문이었습니다. 우리는 모래가 펼쳐져 있는 곳에서 잠시 쉬면서 조용히 주변의 아름다운 경치를 둘러보 있습니다. 키 큰 버드나무와 포플라나무들이 울창했고 그 수풀 사이로 테튼 산맥의 눈덮인 산봉우리가 보였습니다.

조금 더 가다보니 또다른 줄기의 시내가 나타났는데, 수심이 깊을 뿐더러 물살이 너무 세서 도저히 그냥 건널 수가 없었습니다. 그래서 시내를 가로질러 놓여 있는 길이 6m 정도의 통나무 위를 조심스럽게 건너가야 했습니다.

어렵게 건너던 중 나는 내 짐을 내려놓고 뒤쳐져 따라오는 친구에게로 다가가서 그의 짐을 받아주었습니다. 마침내 나는 통나무 위를 다 통과하였지만, 친구는 여전히 느릿느릿 조심스럽게 건너오고 있는 중이었습니다. 나는 기다리는 동안 친구에게 때로는 말로써 때로는 눈짓으로써 잘하고 있다고 격려해주었습니다.

위험한 지대를 벗어난 후, 우리는 조그만 웅덩이와 실개천을 건널 때도 있었고 때로는 낚시도 즐겨가며 웃고 떠들고 함께 즐거움을 나누었습니다.

여기저기에 페인트브러쉬(paintbrush), 칼럼바인(columbine), 발삼루트(balsamroot), 푸른색 헤어벨(harebell), 그리고 루핀(lupine)과 같은 진기한 야생화들이 피어 있었습니다. 이따금 생전 처음 보는 꽃을 발견하기라도 하면 서로 상대방을 부르느라 바빴습니다.

우리는 다른 쪽에 있는 시내를 건너던 중, 갑자기 발이 쑥 빠지는 늪지대로 들어서게 되었습니다. 내 친구는 나만큼 키가 크지 않아서 머리가 거의 물에 잠길 지경이 되어 제대로 걸을 수조차 없었습니다. 풀들이 엉켜 있고 발이 푹푹 들어가는 늪지대를 헤치며 지나가는 동안 친구는 나와 걸음을 맞추고 웅덩이를 피해가기 위해서 내 허리띠를 꼭 붙잡고 따라왔습니다. 가슴팍에 와서 부딪치는 물은 맑기는 했지만 상당한 급류였습니다.

계속 나아가고 있는데 갑자기 뒤에서 "그만 가자"는 소리가 들려왔습니다. 나는 이 정도의 물살을 헤쳐나갈 수 있는 체격이었지만, 친구는 도저히 감당해낼 수가 없었던 것이지요. 그래서 우리는 좀더 가까이 서서 보조를 맞추고자 애썼습니다. 내가 먼저 밑바닥이 단단하다 싶은 곳을 찾아서 두 발을 고정시켜 놓고 있으면, 그제서야 친구는 발걸음을 떼었습니다. 마침내 친구의 걸음이 안정되었을 때 나도 걷기 시작했습니다. 우리는 이렇게 서로 돕는 가운데 쉽게 나아갈 수 있었습니다.

내 친구는 익숙하지 않은 환경 가운데서도 새로운 모험을 기꺼이 하고자 했으며, 나 역시 친구와 보조를 맞추기 위해 기꺼이 천천히 걸으려고 했습니다.

반대편 물가에 다다라서 나는 한 통나무 꼭대기로 기어올라갔습니다. 그 위에서 보니 9m정도 떨어진 곳에 섬 하나가 있고, 그곳에서 커다란 엄마 사슴 한 마리가 내 쪽을 바라보고 있었습니다. 나는 친구를 툭 쳐서 저기 좀 보라고 말없이 그곳을 가리켰습니다. 그때 어디에서 나타났는지 새끼 사슴 한 마리가 천천히 걸어오는 것이 얼핏 보였습니다. 그리고 엄마 사슴과 새끼 사슴은 아침 식사 하기에 가장 좋은 풀밭을 한가롭게 찾아다니기 시작했습니다.

우리는 그 엄마 사슴에 각별한 관심을 두면서 섬을 찬찬히 둘러보았습니다. 그리고나서 강을 따라 내려가면서 여기저기 돌아다니다가 카튼우드 강과 스내이크(snake) 강이 합류하는 지점에 당도하게 되었습니다.

몇 시간 후, 피곤하고 목마르고 배고파 지친 상태로 우리는 타고왔던 차가 있는 곳까지 왔습니다. 몸은 힘들었지만 즐겁고 오래 기억될 만한 경험이었습니다. 이번 낚시 여행은 나에게 좀 색달랐습니다. 평소보다 천천히 걸으면서 별로 멀리 나가지도 못했으며 낚시질하는 것보다는 주변 경치 살피는 데에 더 많은 신경을 썼기 때문입니다.

내 친구에게는 이번 낚시 여행이 생전 처음이었고 나는 몇 년간 혼자 즐겨오던 것을 함께 나누고 싶었습니다. 그 사람은 나에게 아주 특별한 친구입니다. 바로 내 아내이니까요. 이젠 아이들도 다 크고 해서 조이스와 나는 이런 여행을 즐기는 시간이 더 많아졌답니다. 그녀와 함께 가기 때문에 앞에서 본 것처럼 나의 낚시 여행 스타일에 변동이 생기기는 했지만 나는 그게 싫지가 않습니다.

친구를 사귀는 일은 우리가 살아가면서 감당해야 하는 과제 가운데 하나입니다. 어린 시절과 청년기를 거치면서 우리는 친구를 소중히 여기게 됩니다. 그리고 어른이 되어서도 절친한 몇몇 친구와 계속적인 사귐을 갖습니다.

당신은 배우자를 친구로 여깁니까? 아니면 그저 당신의 삶을 좀더 편하게 해주는 정도의, 이를테면 돈 벌어다주는 사람, 잠자리를 함께 하는 사람, 육아를 분담해주는 사람으로만 생각합니까?

당신은 배우자가 곁에 있는 것만으로도 기쁩니까?

당신은 배우자의 생각과 느낌을 공유하는 것을 기뻐하고 함께 일하는 것을 즐깁니까?

우리는 사귐을 위해 창조되었습니다.

"여호와 하나님이 가라사대 사람의 독처하는 것이 좋지 못하니"라고 성경에 나와 있듯이 말입니다. 우리가 각각 남자와 여자로 지음받은 것도 바로 이런 이유에서입니다.

우정은 하나님께서 결혼 제도를 계획하실 때 의도하셨던 바 중의 하나입니다. 우정이 결혼으로 이어지고 또 결혼을 통해 그 우정이 성숙되어 간다면, 그 커플은 생(生)의 위기와 난관을 이겨낼 견고한 관계를 갖고 있는 것이 됩니다.

루이스 와이즈(Lois Wyse)는 결혼 생활에서의 우정에 대해 다음과 같이 말하고 있습니다.

「누군가 내게 물었다오
언제 당신들의 우정이 막을 내리고
사랑의 단계로 접어들었느냐고…
하지만, 여보
그건 비밀이지 않소
우리의 우정은
결코 끝나지 않을 테니 말이오.」 (루이스 와이즈, Love Poems for the very married, New York : Harper & Row, p. 41)

성경이 우정에 대해 말하는 것을 들어봅시다.

아브라함은 "하나님의 친구"로 불렸습니다.

또 예수님은 제자들에게 이렇게 말씀하신 적이 있습니다.

"이제부터는 너희를 종이라 하지 아니하리니 종은 주인이 하는 것을 알지 못함이라 너희를 친구라 하였노니 내가 내 아버지께 들은 것을 다 너희에게 알게 하였음이라"(요한복음 15:15)

우정이란 과연 무엇이며 어떻게 표현될 수 있을 까요? 제임스 올시우스(James Olthius)는 우정에 대해 이렇게 말합니다.

「우정은 상대방을 특별한 존재로 여기는 것이며, 상호적이고 선택적인 특성을 갖는다. 우정은 정신적으로 서로 통하는 것이 있는 두 사람 사이에 맺어지는 충성스러운 약속이다. 단순한 하나의 관계가 성숙되면 그것은 서서히 우정으로 자라가게 된다. 진실한 관계는 성장하는 데 시간을 들인다.

우리는 대부분 입술로 우정을 맹세하지 않는다. 그렇게 안 해도 우리는 진실한 친구를 알아본다. 우리가 우정에 관해 무엇이라고 운운하기 시작하는 순간부터 소중한 그 무엇을 잃어버리게 된다. 진정한 친구 사이라면 우정의 맹세를 다시 상기시킬 필요가 있겠는가!

똑같은 일을 함께 경주해 나가더라도 친구라면 이기적으로 경쟁하지 않는다. 친구는 상대방이 최상의 것을 얻기를 바라며, 그가 잘 될 때는 기쁨을 함께 나눌뿐더러 자신의 일인 것처럼 기뻐한다.

우정은 넘치도록 풍성한 것이며 자발적이고 부드럽다. 친구는 서로서로 도와주고 챙겨준다. 그리하여 생각하는 것까지도 서로 비슷해진다. 우리는 친구에게 도움을 청해놓고 나서 폐를 끼쳤다고 생각하여 쩔쩔맨다. 하지만 친구란 도움을 주고 나서도 생색내기를 원치 않는 존재이다. 그로서는 그저 참된 친구라면 마땅히 해주어야 될 일을 했을 뿐인 것이다.

어느 누구도 고의적으로 친구를 함부로 대하지는 않지만, 혹시 우리가 그럴지라도 친구는 우리를 이해해준다.
우리는 좋은 친구를 소중하게 생각한다. "좋은 친구는 금(金)보다도 귀하다"는 진부한 옛말도 이런 경우 새롭게 와닿는다. 그러나 우리가 일생 사귈 수 있는 정말 진실한 친구는 손가락으로 꼽을 수 있을 만큼 적다. 영국의 철학자 베이컨(Francis Bacon)이 말했듯이, 친구는 "기쁨을 갑절이 되게 하며 슬픔을 반쪽이 되게"하는 자이다.」 (제임스 올시우스, I Pledge

You My Troth, New York : Harper & Row, pp. 112, 113.)

한편 친구는 우리의 말과 행동에 대해 무조건 잘했다고 말해주지는 않습니다. 친구가 충고할 때 우리는 그것이 우리에게 이롭다는 것을 알기 때문에 그의 말을 받아들입니다. 이를 두고 솔로몬은 "친구의 아픈 책망은 충직으로 말미암는 것이나 원수의 잦은 입맞춤은 거짓에서 난 것이니라"(잠언 27:6)고 말했습니다.

정말 모든 것이 통하는 절친한 친구 사이라면 서로에게 영향을 끼치며 상대방을 성장시킵니다.
"철이 철을 날카롭게 하는 것 같이 사람이 그의 친구의 얼굴을 빛나게 하느니라"고 잠언 27장 17절에 나와 있듯이 말입니다.
우정에는 서로간의 신뢰와 믿음, 수고와 헌신이 요구됩니다.

친구들은 상대방을 지극히 존중하기 때문에 서로 지배하려 들지 않습니다. 그들은 서로 주고자 하며 또한 오직 그럴 때 서로 신뢰하게 되고 우정이 깊어지게 됩니다.
상황을 바꾸고 조작하기 위해 숨기는 것이 있게 되면, 우정은 깨어지며 고립을 초래하게 됩니다. 친구들은 서로 간에 무엇이든지 받아줍니다. 단, 신뢰를 깨는 행위는 제외하고 말입니다. 친구에게 상처를 주는 유일한 것이 바로 배신입니다. 믿음을 회복하지 못한다면 이로 인해 우정은 끝나고 맙니다. 다윗은 배신의 아픔을 다음과 같이 토로하였습니다.

"나를 책망하는 자는 원수가 아니라 원수일진대 내가 참았으리라 나를 대하여 자기를 높이는 자는 나를 미워하는 자가 아니라 미워하는 자일진대 내가 그를 피하여 숨었으리라 그는 곧 너로다 나의 동료, 나의 친구요 나의 가까운 친우로다 우리가 같이 재미있게 의논하며 무리와 함께 하여 하나님의 집 안에서 다녔도다"(시편 55:12~14)

이제 결혼에 대해 생각해보며 다음 글을 읽어봅시다.

「과연 친구란 무엇인가? 많은 말들이 있긴 하지만…친구란 함께 있으면 편하고 그래서 당신이 함께 있기를 선호하는 그런 사람이다. 친구란 당신을 도와줄 뿐 아니라 정직하기 때문에 당신이 믿고 의지할 수 있는 사람이다.
친구는 당신을 믿으며 당신의 꿈을 나눌 수 있는 사람이다.
사실 진정한 친구는 당신 삶의 모든 것을 함께 나누고픈 사람

이며 그러한 나눔을 통해 기쁨이 커지게 된다.

당신이 상처받고 그것으로 인해 고통과 싸우고 있을 때, 친구와 함께 나눈다면 그 고통은 줄어들 것이다. 친구는 당신에게 신뢰를 주는 존재이다. 당신이 그에게 무엇을 말하건, 그것 때문에 당신이 불리한 일을 당하는 법은 결코 없을 것이다.
친구는 당신과 함께 웃는다. 그러나 당신을 비웃지는 않는다. 친구란 유쾌한 존재이다.

친구는 당신과 함께 기도한다. 그리고 당신을 위해 기도한다. 친구는 당신의 생각과 사상을 나누며 지적으로 함께 성숙해 가는 사람이다. 부부 가운데 한 사람은 계속적으로 지적인 성장을 해나가는데 다른 한쪽은 그렇지 못하다면 그들의 관계에는 긴장이 감돌게 될 것이다.
그런고로 부부는 문학이나 정치, 사회, 종교에 관한 글들을 함께 읽고 토론해보는 것이 바람직하다. 그들은 자신을 둘러싼 세상이 어떻게 돌아가는지 알아야 할 필요가 있다. 이것은 그들의 목표를 이루어가는 방법들 가운데 하나이다. 친구란 공동의 목표를 가진 사람들이므로 지적으로 함께 성숙해가는 것도 우정의 한 형태가 된다.

친구는 당신의 고통의 외침을 들을 수 있고 그 몸부림치는 것을 느낄 수 있는 사람이다. 그는 당신이 높은 데 처하든지 낮은 데 처하든지 간에 그 모든 것을 함께한다.

당신에게 문제가 생겼을 때 친구는 당신의 옆에 서 있어 줄 뿐만 아니라 저만치 떨어져서 당신을 객관적으로 보아준다. 당신의 친구는 언제나 당신이 옳다고 말해주지는 않는다. 왜냐하면 당신이 틀릴 때도 있으므로.

정직은 우정의 한 부분이어야 한다. 정직했을 때 때로는 결혼의 고요함이 깨지기도 하지만, 결국에 가서는 당신이 잘했다는 것을 알게 될 것이다. 친구가 당신의 관점에 대해 정직하게 문제를 제기해올 때, 당신은 자신을 돌아보며 더욱 객관적으로 스스로를 평가하게 될 것이다.」(Colleen, Louis Evans Jr, My lover, My friend, Old Tappan, New Jersey : Fleming H. Revell, pp.121-123.)

2. 태도

무엇에든지 사랑할 만하며

산이나 바다를 여행하는 사람들은, 무엇인가 남는 여행이 되기 위해서는 요구되는 사항들이 있다는 것을 알고 있습니다.

혼자 여행하더라도 취해야 할 행동이 있고 버려야 할 행동이 있습니다.

그렇다면, 결혼이라는 모험 안에서 적게는 20년에서 길게는 60여 년을 함께 도와가며 "여행하려는" 두 사람에게, 풍성하게 발전하는 관계를 만들어나가기 위해서 깊이 고민하고 갖추어야 할 행동들이 있다는 것은 두말할 필요가 없는 것이지요.

다음을 한번 생각해보십시오.

- 무엇이 당신들의 관계를 튼튼하게 해주고 있습니까?
- 즐거운 결혼 생활을 위해 당신은 무슨 행동을 합니까?
- 결혼 생활에 의미를 주기 위해 당신의 배우자는 무엇을 합니까?
- 계속 볼 수 있었으면 하는 긍정적인 행동들은 무엇입니까?
  (이에 대한 배우자의 생각은 어떻습니까?)
- 당신의 배우자는 당신을 사랑하고 소중하게 여기며 존경한다는 것을 어떻게 나타냅니까? (또 당신은 어떻습니까?)
- 배우자에게서 발견되는 긍정적인 면들은 무엇입니까?
- 당신이 배우자의 장점을 칭찬해주는 것을 그만둔 때가 언제입니까?
- 배우자는 자신의 장점이 무엇이라고 말합니까?

당신은 위에서 계속된 질문들이 부정적인 면이나 골칫거리들에 대해서는 전혀 언급하고 있지 않다는 것을 이미 눈치챘을 것입니다. 긍정적인 것들만 이야기하고 있죠. 만약 한 쌍의 부부가 좀더 그들의 관심을 긍정적인 쪽으로 돌리고 그러한 것들이 증진되도록 노력하며 부정적인 것들에 신경을 덜 쓴다면, 마침내는 긍정적인 것들이 부정적인 것들을 몰아내기 시작한 것입니다.

잠시 생각해보십시오. 당신의 결혼을 생각해볼 때, 어떤 이미지가 스쳐지나갑니까? 긍정적이거나 부정적인 이미지 중에 하나이겠지요. 당신의 머리 속이 온통 부정적인 생각들로 꽉차 있다면 당신의 모든 노력은 허사로 돌아갈 것입니다. 좋은 걸들도 자꾸만 무시하다보면 시들어버리게 되니까요.

잠언 23장 7절을 보면 '마음에 생각하는 것이 바로 그 사람을 대변한다' 는 말이 나옵니다.

빌립보서 4장 8절도 우리에게 다음과 같이 충고합니다.

"끝으로 형제들아 무엇에든지 참되며 무엇에든지 경건하며 무엇에든지 옳으며 무엇에든지 정결하며 무엇에든지 사랑 받을 만하며 무엇에든지 칭찬 받을 만하며 무슨 덕이 있든지 무슨 기림이 있든지 이것들을 생각하라."

당신의 생각하는 태도는 결혼 생활에 막강한 영향력을 행사할 것입니다.

당신은 이렇게 말할지도 모릅니다.

"하지만 우리 결혼 생활에는 고쳐야 할 행동과 태도들도 있지 않습니까? 저는 그런 부분에 관심을 둬야 한다고 봅니다."

물론 그렇습니다. 우리는 모두 결점 많은 인간들입니다. 하나님께서도 우리가 마땅히 버려야 할 것들에 대해 여러 번 말씀하고 계십니다.

"너희는 모든 악독과 노함과 분냄과 떠드는 것과 비방하는 것을 모든 악의와 함께 버리고"(에베소서 4:31)

"무릇 더러운 말은 너희 입 밖에도 내지 말고 오직 덕을 세우는 데 소용되는 대로 선한 말을 하여 듣는 자들에게 은혜를 끼치게 하라"(에베소서 4:29)

"육체의 일은 분명하니 곧 음행과 더러운 것과 호색과"(갈라디아서 5:19)

"투기와 술 취함과 방탕함과 또 그와 같은 것들이라 전에 너희에게 경계한 것 같이 경계하노니 이런 일을 하는 자들은 하나님의 나라를 유업으로 받지 못할 것이요"(갈라디아서 5:21)

하지만 하나님은 우리 삶 속에서 분명하게 드러나야 할 것들에 대해서도 말씀하십니다.

"모든 겸손과 온유로 하고 오래 참음으로 사랑 가운데서 서로 용납하고"(에베소서 4:2)

"서로 친절하게 하며 불쌍히 여기며 서로 용서하기를 하나님이 그리스도 안에서 너희를 용서하심과 같이 하라"(에베소서 4:32)

"마음을 같이하여 같은 사랑을 가지고 뜻을 합하며 한마음을 품어 아무 일에든지 다툼이나 허영으로 하지 말고 오직 겸손한 마음으로 각각 자기보다 남을 낫게 여기고 각각 자기 일을 돌볼뿐더러 또한 각각 다른 사람들의 일을 돌보아 나의 기쁨을 충만하게 하라"(빌립보서 2:2~4)

"그러므로 너희는 하나님이 택하사 거룩하고 사랑 받는 자처럼 긍휼과 자비와 겸손과 온유와 오래 참음을 옷 입고 누가 누구에게 불만이 있거든 서로 용납하여 피차 용서하되 주께서 너희를 용서하신 것 같이 너희도 그리하고"(골로새서 3:12~13)

"오직 성령의 열매는 사랑과 희락과 화평과 오래 참음과 자비와 양선과 충성과 온유와 절제니 이같은 것을 금지할 법이 없느니라"(갈라디아서 5:22~23)

만약 예수 그리스도께서 당신의 삶 가운데 계신다면, 당신은 결혼 생활에서 이와 같은 특성들이 살아 움직이는 것을 볼 수 있게 될 것입니다! 죄를 고백하고 부정적인 생각과 행동들을 끊어버리며, 능력 주시는 성령님의 도우심에 의지함으로써 당신은 그리스도인이 삶에서 가질 수 있는 모든 긍정적인 특성들을 결혼 생활 가운데 몸소 보여줄 수 있게 됩니다.

"진리가 예수 안에 있는 것 같이 너희가 참으로 그에게서 듣고 또한 그 안에서 가르침을 받았을진대 너희는 유혹의 욕심을 따라 썩어져 가는 구습을 따르는 옛 사람을 벗어 버리고 오직 너희의 심령이 새롭게 되어 하나님을 따라 의와 진리의 거룩함으로 지으심을 받은 새 사람을 입으라"(에베소서 4:21~24)

당신의 결혼 생활이 향상되기를 원합니까?
여기 한 가지 방법을 제시해볼까 합니다. 많은 사람들이 이 방법대로 한 후 도움을 받았습니다.

이 장에서 본 것처럼 매일 성경에서 새로운 말씀을 찾아 읽으십시오. 그리고 그 본문에 나온 여러 가지 덕목들 가운데 두 가지를 골라 그것을 배우자에게 실제적으로 보여줄 수 있는 새로운 방법들을 찾아보고 그 구체적인 행동 방침을 적어보십시오.

예를 들어봅시다.

"서로 인자하게 하며 불쌍히 여기며…"(에베소서 4:32)라는 말씀을 읽었다면, 당신의 배우자에게 친절을 보여줄 수 있는 여덟 가지 구체적인 방법들을 머릿속에 그려보고 첫날에는 우선 두 가지만 실천해보십시오. 그 다음 날에는 처음의 두 가지를 행하면서 새로이 두 가지를 더해보십시오. 이런 식으로 매일 두 가지씩 늘려가다 보면 마침내 그 여덟 가지를 모두 실천에 옮길 수 있게 됩니다. 그때 당신은 자신의 모습에 깜짝 놀라겠지요. 남편과 아내 모두 그 되어진 일을 보고 크게 기뻐할 것이며, 부정적인 행동과 태도들은 어느새 꼬리를 감추어버렸을 것입니다.

마지막으로, 위에서 말한 것을 정리해드리겠습니다.

예수 그리스도께 당신의 삶을 맡기십시오.

1. 당신의 생각과 행동을 이끌어주실 성령님의 활발한 역사를 요청하십시오.

"너희는 이 세대를 본받지 말고 오직 마음을 새롭게 함으로 변화를 받아 하나님의 선하시고 기뻐하시고 온전하신 뜻이 무엇인지 분별하도록 하라"(로마서 12:2)

2. 성경 말씀을 생활에 옮길 수 있는 구체적인 방법을 머릿속에 그려보십시오.

3. 성경에 나온 긍정적인 덕목들을 배우자에게 일관성있게 행하십시오.

자, 이제 당신의 결혼 생활이 개선될 수 있는 방법들이 제시되었습니다. 결혼이 재난이 되느냐 기쁨이 되느냐는 당신의 선택에 달렸습니다.

3. 사랑

무조건적인 헌신

성경은 우리에게 이 세상의 행동과 실질적으로 구별되는 여러 가지 것들을 명령하고 있습니다. 모든 그리스도인들은 하나님께서 함께 해 주시기 때문에 다음과 같은 행동들을 발전시켜 나갈 수 있습니다.

- 서로 사랑하라(로마서 12:9).
- 서로 관심을 갖고 존중하라(로마서 12:10).
- 서로를 위해 기도하라(로마서 12:12).
- 서로 물질을 나누라(로마서 12:13).
- 서로 대접하라(로마서 12:13).

- 그리스도의 몸(교회)의 하나됨을 이루라(로마서 12:16).
- 영적인 면에서 서로 세워주라(로마서 14:19 / 15:2).
- 있는 모습 그대로 다른 사람을 받아들이라(15:7).
- 서로 권면하라(로마서 15:14).
- 서로 섬기라(갈라디아서 5:13).
- 서로 짐을 져주라(갈라디아서 6:2).
- 인내하라(에베소서 4:2).
- 친절과 용서를 베풀라(에베소서 4:32).
- 서로 위로하라(데살로니가전서 4:18).
- 서로 격려하라(히브리서 3:13 / 10:23~25).
- 죄를 고백하라(야고보서 5:16).

이 가운데서 당신의 부부 관계에 실제 적용해볼 수 있는 것들은 무엇입니까?

먼저 '서로 사랑하라'에 대해서 생각해봅시다.
부부끼리 서로 사랑해야 하는 것은 너무도 당연한데 왜 여기에서까지 이야기할 필요가 있느냐구요? 하지만 정말 사랑하고 있는지 진심으로 생각해 보십시오.

당신은 사랑을 어떻게 정의(定義)합니까?

"사랑"이라는 단어 속에는 많은 의미가 들어 있습니다. 또한 사랑의 감정이라는 것은 꼭 행동으로 나타나지 않을 수도 있습니다. 이제 사랑에 관한 아래의 글들을 읽으면서 다음과 같은 질문을 스스로 해 보십시오.

"나는 이러한 말들에 동감하고 있는가?"
"나의 결혼 생활 속에는 이러한 것들이 나타나고 있는가?"

1. 사랑은 보증서 없이 신뢰하고 받아주는 것입니다.

사랑은 불완전한 한 인간에 대한 무조건적인 헌신입니다. 당신이 배우자를 사랑한다는 것은 단지 짜릿한 감정 상태를 말하는 것이 아닙니다. 사랑은 판단력과 이성적인 결단을 요구합니다. 배우자에 대한 사랑은 그 사람을 소유하는 것과는 하등의 상관이 없습니다. 오히려 그것은 상대방을 북돋워주는 모든 것과 관련이 됩니다.

2. 사랑은 느끼기를 두려워하지 않으며 그 느낌을 마음껏 표현합니다.

느낌을 나눌 때, 우리는 더욱 인간적이 되며 더욱 진실해집니다. 또한 더욱 솔직해지며 더욱 사랑스러워지게 됩니다.

레오 바스카글리아(Leo Buscaglia) 교수는 그의 저서『사랑』(Love)에서 다음과 같이 자신의 경험을 독자들에게 말해주고 있습니다.

「최근에 세르반테스(Cervantes)의 소설『돈키호테』(Don qui-xote)를 각색해서 만든 뮤지컬「만차의 사람」(Man of La Ma-ncha)을 보면서 나는 인정받지 못하고 구박만 당하는 어느 불쌍한 기사가 겪는 시련에 깊이 동감하면서 그에게 빠져들어가고 있는 나 자신을 발견했다. 이제는 세상에서 더 이상 별 볼일 없게 된 옛 영광들을 되찾아보려는 그의 안타까운 욕구를 이해하는 것은 그리 어렵지 않았다.

사랑하는 사람들에게 둘러싸여 죽어가는 장면에서 돈키호테는 벌떡 일어나 그의 창을 움켜쥐고 연인 덜시니아(Dulcinea)를 위해 다시 풍차간을 공격하려고 했다. 그 장면에서 나는 가슴이 뭉클해지면서 그만 눈물을 주루룩 쏟고 말았다.

그러자 옆에 앉아 있던 한 여자가 남편을 쿡 찌르면서 '여보, 저것 좀 봐요. 남자가 울고 있어요'라며 의아해 하는 것이었다. 이 말을 듣자 나는 손수건까지 꺼내들고 큰소리로 코를 풀며 더 훌쩍거렸다. 그 여자는 다 큰 남자도 울 수 있다는 사실에 너무 놀란 나머지 아마 이 날 뮤지컬이 어떻게 끝났는지도 몰랐을 것이다. 사랑은 느낌의 표현을 두려워하지 않는다.」(레오 바스카글리아,『사랑』Thorofare, New Jersey : Charles B. Slack, Inc., pp. 70, 71.)

남편과 아내가 서로에게 주는 감정과 느낌의 풍성함은 어느 곳에서도 찾을 수 없는 풍요로움을 결혼 생활에 더해줍니다.

3. 사랑은 희생으로 표현됩니다.

사랑은 배우자를 위해 시간을 아끼지 않으며 항상 자기 권리만 주장하지도 않습니다.

4. 사랑은 상대방의 타당한 비판을 방어하는 자세 없이 고려해보고 수용합니다.

"훈계를 저버리는 자에게는 궁핍과 수욕이 이르거니와 경계를 받는 자

는 존영을 받느니라"(잠언 13:18)

"슬기로운 자의 책망은 청종하는 귀에 금 고리와 정금 장식이니라"(잠언 25:12)

"자기의 죄를 숨기는 자는 형통하지 못하나 죄를 자복하고 버리는 자는 불쌍히 여김을 받으리라"(잠언 28:13)

5. 사랑은 그리스도인의 삶의 특징이기도 합니다.

그리스도인이 사랑을 실천할 때는 한 가지 사실이 더 첨가됩니다. 즉, 영적인 진리들을 확증하게 되는 것이지요.

요한이 쓴 복음서와 서신서를 예로 들면서 릭 욘(Rick Yohn)은 사랑이 실천될 때 진리로 밝혀지는 네 가지 영적인 사실을 강조하고 있습니다.

① 사랑을 실천하는 사람은 예수 그리스도와 개인적인 관계를 맺은 사람이다.

"사랑하는 자들아 우리가 서로 사랑하자 사랑은 하나님께 속한 것이니 사랑하는 자마다 하나님으로부터 나서 하나님을 알고 사랑하지 아니하는 자는 하나님을 알지 못하나니 이는 하나님은 사랑이심이라"(요한일서 4:7~8)

② 사랑을 실천하는 사람은 그가 하나님을 사랑한다는 사실을 스스로 증명하는 것이다.

"누구든지 하나님을 사랑하노라 하고 그 형제를 미워하면 이는 거짓말하는 자니 보는 바 그 형제를 사랑하지 아니하는 자는 보지 못하는 바 하나님을 사랑할 수 없느니라"(요한일서 4:20)

③ 사랑을 실천하는 사람은 그가 예수님의 제자라는 사실을 드러내는 것이다.

"너희가 서로 사랑하면 이로써 모든 사람이 너희가 내 제자인 줄 알리라"(요한복음 13:35)

④ 사랑을 실천하는 사람은 하나님과 교제하는 사람이다.

"빛 가운데 있다 하면서 그 형제를 미워하는 자는 지금까지 어둠에 있는 자요 그의 형제를 사랑하는 자는 빛 가운데 거하여 자기 속에 거리낌이 없으나 그의 형제를 미워하는 자는 어둠에 있고 또 어둠에 행하며 갈 곳을 알지 못하나니 이는 그 어둠이 그의 눈을 멀게 하였음이라"(요한일서 2:9~11)

사랑은 여러 국면(局面)을 거치게 됩니다. 세월이 지남에 따라 결혼 생활에서 사랑이 뜨거워질 때가 있으면 식어지는 때도 있게 마련입니다. 늘 그대로인 법은 없는 것이지요.

결혼 생활에 치명적인 최대의 적은 무관심입니다. 무관심은 상대방을 무시하고 소홀하게 대하는 것입니다. 한 쌍의 남녀가 데이트를 하고 구혼을 하게 되는 과정에서는 서로에 대한 관심과 사려 깊은 이해를 아끼지 않습니다. 그런데 왜 결혼만 하게 되면 더 이상 그런 관계를 지속하지 못하는 것일까요?

에드워드 포오드(Edward Ford)는 이렇게 말합니다.

「사랑은 당신과 사랑에 빠지기 시작한 사람을 위해 무엇인가를 해주는 바로 그 과정 속에 있다. 또한 사랑은 당신과 계속 사랑해야 하는 사람을 위해, 혹은 그 사람과 더불어 무엇인가를 하는 바로 그 과정 가운데에도 역시 있는 것이다.」(에드워드 포오드, Why Marriage?, Niles, Illinois : Argus Communica-tions, p. 103.)

앞에서 살펴보았던 것 가운데서 이번에는 '서로 존중하라'에 대해 살펴봅시다.

"뭇 사람을 공경하며 형제를 사랑하며 하나님을 두려워하며 왕을 존대하라"(베드로전서 2:17)

배우자를 존경함으로써 사랑한다는 것은 무슨 뜻일까요?
우리는 어떻게 그렇게 할 수 있을까요?

1. 다른 사람들을 존중한다는 것은 그들의 관심과 느낌을 존중해주며 그들의 입장에 서서 그들의 관점으로 인생을 바라보는 것이다.

당신과 정반대일 수도 있는 관점과 욕망과 필요를 지닌 하나의 개인으로서 다른 사람들을 존중해주십시오.

그들의 말과 행동에 무조건 동조할 필요는 없지만, 당신과 다르다는 것이 당신이 그들을 존중해야 할 이유가 됩니다.

그들이 하나님의 형상대로 빚어진 존재이므로 당신은 그들을 존경해야 합니다. 하나님께서 그들을 사랑하시며, 그리스도가 그들을 위해 죽으셨으므로 당신은 그들을 존경해야 합니다.

2. 다른 사람을 존중한다는 것은 그들에게 감사함을 나타내는 것이다.

「배우자가 당신에게 친절을 베풀어서 고마움을 느꼈다면, 당신은 그 보답으로 말이나 진지한 행동을 통해 감사함을 표현해야 한다.」(포오드의 앞의 책, p.103.)

이번에는 인간 관계에서 가장 값진 경험 중의 하나인 '서로의 짐을 져준다'는 것을 생각해봅시다.

이것은 철학 용어로 '감정이입'이라고도 합니다. 감정이입은 상대방과 더불어 느끼고 그의 편에 서서 그만의 독특한 눈으로 삶을 바라보며, 그가 경험하고 있는 것을 함께 경험할 수 있는 능력입니다.
로마서 12장 15절도 감정이입에 대해 말하고 있습니다.

"즐거워하는 자들과 함께 즐거워하고 우는 자들과 함께 울라."

감정이입은 인간 관계에 어떤 영향을 끼칠까요?
로버트 카츠는 이렇게 말했습니다.

「감정이입은 두 가지 역할을 한다.
첫째, 우리로 하여금 다른 사람의 깊은 내면을 이해할 수 있도록 해준다. 우리는 감정이입 상태에서 더욱 깊이있게 대화할 수 있으며, 좀더 철저하게 다른 사람을 이해할 수 있게 된다. 이러한 나눔을 가지게 될 때 우리는 상대방을 있는 그대로 받아들이며, 그를 진지하게 이해해주고 공감하게 되는 단계로 들어서게 된다.

둘째, 우리 자신에 대해 안정감을 갖게 해주는 근원이 된다.

다른 사람이 자신과 같은 마음 상태일 때 사람들은 안심하게 된다. 우리는 자기가 이해받고 용납되었다는 사실에 크게 만족하게 된다.」(로버트 카츠(Robert Katz), Empathy-It's Nature and Uses, Glencoe : The Free Press, pp. 7, 8.)

내가 상대방과 같은 감정 상태에 있음을 표현하는 기술을 계발해야 할 중요성을 깨닫게 된 것은 아들 매튜가 태어나면서부터입니다. 생후 8개월 만에 매튜는 깜짝 놀랄 만한 발작 증세를 일으켰습니다. 우리 부부는 뭔가 심상치 않다는 것을 깨닫게 되었습니다. 우리는 즉시 여름 휴가 계획을 변경하여 남(南)캘리포니아에 있는 우리 집에서 그냥 지내기로 하였습니다. 그때 나는 책 한 권을 쓰고 있던 중이었고, 휴가 기간 동안 가족과 함께 몬타나(Montana)에서 쉬면서 집필을 마치려고 했습니다. 나는 하던 일을 중단하고, 매튜를 어느 신경 전문의의 진단을 받게 하고 그 결과를 기다렸습니다.

그러나 우리는 너무도 오랜 나날들을 기다려야 했습니다. 큰일이 생겼다는 것은 알았지만 의사는 여름이 다 가도록 입을 열지 않았습니다. 기다림에 지쳐, 막상 의사의 입이 떨어지고 나면 꼭 쇼크를 받을 것 같았습니다. 잠언서를 보니 내 마음 상태를 생생하게 나타내주고 있었습니다.

> "근심이 사람의 마음에 있으면 그것으로 번뇌하게 되나 선한 말은 그것을 즐겁게 하느니라"(잠언 12:25)

대부분의 시간을 집에서 어슬렁거리게 되다보니 나는 아내 조이스가 매튜 문제로 걱정과 근심에 눌려 있음을 알아차릴 수 있었습니다. 매튜에게 이상이 있기는 한데 그 정체를 모르는 데서 받게 되는 그녀의 상처와 아픔이 나에게도 느껴지는 때가 여러번 있었습니다. 그리고 나는 그때마다 조이스와 마음을 나누면서 그 아픔을 덜어줄 수만 있다면 얼마나 좋을까 하고 생각했습니다. 하지만 나는 내 느낌을 말할 수가 없었습니다. 그런 상태로 여름을 보냈습니다.

그 해 가을 어느 날 저녁, 우리 부부는 모처럼 마주앉아 대화할 시간을 갖게 되었습니다. 마침내 나는 아내에게 "그 동안 당신의 마음 상태를 알고 있었으며 함께 나누면서 고통을 덜어주기를 원했다"라고 말했습니다. 그러자 조이스는 울음을 터뜨리려 하며 이렇게 말하는 것이었습니다.

"여보, 좀더 일찍 말씀하시지 그랬어요. 그랬다면 지난 몇 달 동안

견디기가 훨씬 나았을 텐데."

　나는 남편으로서 당연히 가졌어야 할 감정을 가졌던 것뿐이었습니다. 말로써 그런 감정을 알리지 못했으니 아내가 전혀 모르고 있었을 수밖에요. 나는 아내가 내 마음을 읽고 '그냥' 알 수 있을 것이라고 생각했던 것입니다.

　우리는 배우자가 우리 마음을 읽을 수 있다고 기대해서는 안 됩니다. 그건 부당한 요구입니다. 그런고로 당신이 배우자에게 무엇인가 눈에 보이는 대단한 일을 해주지 못한다고 해도, 조용히 배우자와 마음을 나눌 때, 그것은 충분히 상대방을 섬기는 사랑의 행동이 됩니다. 당신이 느끼는 모든 것을 배우자에게 자유로이, 마음껏 이야기하십시오.

　너무도 자주 우리는 성경의 진리와 결혼 생활을 별개의 것으로 생각하는 오류를 범합니다. 예를 들어 우리는 믿는 사람은 모두 예수님과 더불어 하나님의 자녀라는 사실을 믿고 있습니다. 그러나 당신은 배우자를 하나님의 자녀로서 바라봅니까? 또한 배우자와 당신이 모두 하나님 나라의 백성이며, 하나님의 자녀라는 것을 깨닫고 있습니까? 그리고 하늘 나라의 상속자인 배우자를 어떻게 대하고 있습니까?

　우리는 모두 그리스도의 몸의 지체들이며 각각 자기만의 영적 은사들을 가지고 있습니다.
　당신은 배우자를 지체의 한 부분으로 보고 있습니까?
　당신과 배우자의 영적 은사는 무엇입니까?
　그러한 은사들은 당신의 결혼 생활에 어떠한 보탬이 됩니까?
　결혼 생활의 최대 기쁨 중의 하나는 배우자가 그의 잠재력을 완전하게 꽃피울 수 있도록 도와주는 데 있습니다.

　부부는 영적인 면에서 서로 세워주고 격려해주어야 합니다. 이것을 행할 수 있는 가장 좋은 방법 중의 하나는 배우자가 가진 영적 은사가 무엇인지 알 수 있도록 도와주는 것이며, 나아가서는 그것을 계발하는 데에도 힘이 되어 주는 것입니다.
　에반스 2세 부부는 흥미롭게 쓴 그들의 공저 『나의 연인, 나의 친구』에서 이렇게 말하고 있습니다.

「성령의 은사란 그리스도의 몸이 필요로 하는 것을 수행해나
　갈 수 있는 능력을 말한다. 어떠한 기능이 요구되든지 성령께

서는 거기에 해당되는 은사를 계획하시고 합당한 신자에게 그것을 허락하신다. 은사는 그리스도의 몸을 온전케 하기 위한 것이며 따라서 우리는 다른 사람들을 위해 각자의 은사를 사용해야 한다. 하나님은 당신의 자녀들에게 필요한 것을 공급하는 실질적인 분이시다. 하나님께서는 아직도 끔찍이 사랑하고 계시는 타락한 이 세상을 위해 그리스도의 지체들이 제 기능을 다하기를 원하신다.

각 지체들이 제대로 기능할 때, 그리스도의 몸은 왕성하게 자라고 깊은 상호 관계가 생기게 된다. 그리하여 만약 한 지체가 고통 가운데 있으면 전체가 함께 고통을 겪게 되고 한 지체가 기뻐하면 나머지도 함께 기뻐하게 되는 단계로까지 발전하게 된다. 분명히 영적 은사는 남녀 구별없이 주어지는 것이다. 결혼 생활에서 흥미진진한 것은 배우자의 은사를 끊임없이 발견해나가는 데 있다. 그리고 시간이 흐르면서 결혼이 여러 단계를 거치게 됨에 따라 각자의 은사와 역할도 변하게 된다. 결혼 생활 안에서 여건의 변화는 영적 은사에도 영향을 미친다.」 (에반스 2세 부부, 『나의 연인, 나의 친구』 p.51.)

당신은 은사를 어떻게 발견하고 있습니까?

은사는 그리스도의 몸의 지체로서 적극적으로 활동할 때 발견할 수 있습니다. 다른 사람들과 접촉하며 서로 영향을 미치는 과정을 통해 자신의 은사를 알아가게 되는 것입니다. 우리는 자신의 은사와 그것이 사용되는 영역에 대한 다른 사람들의 솔직한 생각을 귀담아 들을 필요가 있습니다.

배우자는 서로서로 은사를 발견해주고 부족한 것을 채우는 데 도움을 줄 수 있는 아주 특별한 권한을 갖고 있습니다. 그렇기 때문에 부부는 책임감을 가지고 세심한 대화를 해야 합니다. 배우자가 자신의 느낌을 말할 수 있게 하는 것도 은사를 발견하도록 돕는 방법 가운데 하나입니다.

만약 남편이 현재 자기 직업이나 교회에서의 봉사 영역에 대해 만족하지 못하고, 그의 은사를 더욱 잘 살리기 위해 직장이나 직분을 바꾸고자 하는 간절한 마음을 아내와 함께 나누게 된다면, 그녀는 어쩌면 위기감을 느끼게 될지도 모릅니다. 또한 아내가 집안 살림만 하는 것에 만족하지 못하고 더 배워서 전문직 여성이 되고자하는 뜻을 비출 때, 남편은 아마도 깜짝 놀랄 것입니다. 그러나 이러한 욕구와 바람은 은사가 계발되었다거나 잠재력이 드러나는 것으로 이해될 수 있습니다.

변화에 대한 욕구는 성령께서 새로운 길을 펼쳐주시고자 보여주는 징표일지도 모르는 것입니다. 당신이 배우자가 새로운 길을 모색해 볼 수 있도록 용기를 북돋워준다거나 자신의 감정을 솔직하게 말로 표현할 수 있도록 도와주는 것은 신경이 쓰이고 많은 시간을 들여야 하는 일이기는 합니다. 그러나 당신이 그렇게 할 때, 배우자는 하나님께서 새로 허락하신 일에로 자유롭게 나아갈 수 있게 될 것입니다.

루이스 에반스는 이처럼 다른 사람이 자신의 생각과 느낌을 분명하게 할 수 있도록 돕는 과정에 대해 다음과 같이 말하고 있습니다.

「어느 날 아침, 나는 상담을 맡고 계신 아버지를 만나러 집에서 3km 떨어져 있는 교회를 찾아갔다. 내가 서재 문을 두드렸을 때, 한 젊은이가 막 나가려고 하던 참이었다. 잠시 우리 세 사람은 서재로 통하는 계단 위에 서 있었다.
머리 위로는 참나무로 만든 고딕형의 둥근 천장이 높이 솟아 있었고, 옆으로 난 납땜 창문 사이로는 차가운 11월 아침의 부드러운 햇살이 비쳐들어왔다. 그때 갑자기 거미 한 마리가 거미줄 끝에 대롱대롱 매달린 채로 우리 눈앞에 나타났다. 그러자 그 젊은이는 거미줄을 잡아떼어 흔들면서 나더러 좀 보라고 했다.

거미는 마루 바닥에 닿을 때까지 내려오고 있었는데 떨어지지 않으면서 거미줄을 뽑아내려고 안간힘을 쓰고 있었다. 젊은이는 그 거미줄을 내 손에 쥐어주면서 자기처럼 해보라고 했다. 처음에 나는 거미줄을 너무도 살살 흔들었다. 그랬더니 거미는 오히려 내 쪽으로 기어오는 것이었다. 그래서 이번에는 반대로 미친 듯이 세게 흔들어댔더니 거미줄이 찢어져버렸다. 그러자 젊은이는 즉시 거미줄을 원래 상태로 되돌려놓고 내 손을 잡더니 알맞은 리듬과 강도로 흔들게 해주었다. 그랬더니 거미줄이 길게 길게 뽑혀져나오는 것이었다.

한 사람을 도와 그의 감정을 이야기하게 하는 일은 마치 거미를 흔들어서 거미줄을 뽑아내는 것과도 같다. 너무 부드럽게 하면 그 사람은 안쪽으로 완전히 기어들어갈 것이며 반대로 너무 무뚝뚝하게 하면 대화라는 거미줄이 파괴되고 만다. 부드럽되 집요하게 자꾸만 건드려줄 때, 그 사람은 자신만의 세계로부터 나와서 자신의 감정을 이야기하게 될 것이다. 이렇게 자신의 이야기를 털어놓는 가운데 예전에는 미처 몰랐던 새로운 관심사가 서서히 모습을 드러내게 된다. 마치 거미에서 거미줄이 뽑아져 나오듯이 숨겨져 있던 욕구가 점차 끌어내어진다.」 (에반스 2세 부부의 앞의 책에 소개된 pp. 58, 59)

당신의 배우자가 자기의 은사를 발견하도록 돕는 또다른 방법은 그의 은사에 관해 당신이 느꼈던 점을 적극적으로 되비추어 보여주는 것입니다. 즉, 당신이 거울이 되어주는 것입니다. 당신의 꿰뚫어 보는 통찰력과 시기적절한 평가를 통해 배우자는 자신의 삶을 좀더 날카로워진 눈으로 바라볼 수 있게 됩니다.

이러한 과정을 따라 당신은 한 걸음 더 나아가서 배우자에게 자기가 생각하는 은사를 실제 해볼 수 있는 기회를 주어야 합니다. 이렇게 할 때 은사가 계발되어집니다. 여기에 관계된 간단한 실행 방법을 제시해보겠습니다.

● 배우자의 은사가 권한에 속한 것이라면 그 권한을 행사하도록 해주십시오. 예를 들어 일을 관리하고 조직할 수 있는 능력을 배우자가 가졌다면, 그 방면에서는 배우자에게 기꺼이 양보하라는 것입니다. 그럴 때 결혼이나 가정 생활을 해나가는 데 도움을 얻을 수 있게 됩니다.

● 배우자가 은사를 사용할 수 있도록 시간을 내주십시오. 이 말은 당신이 배우자가 해야 할 집안일의 일부를 대신 떠맡을 수도 있고, 배우자에게 시간 좀 내달라고 요구하는 것을 삼가야 할 때도 있다는 것입니다.

● 배우자의 은사가 완전히 꽃피울 수 있도록 재정적인 지원을 아끼지 마십시오. 나는 아주 최근에 위의 마지막 두 가지 원리대로 실제 해본 결과를 체험하게 되었습니다. 한 여자로부터 전화가 왔는데 그녀의 목소리는 온통 흥분으로 떨리고 있었습니다. 그녀의 첫 말은 "놀만씨, 저 합격했어요!"였으며 나도 그 말을 듣고 그녀만큼이나 기뻤습니다.

몇 년 전, 딸 셜리는 아이를 다 키워놓고나서 상담을 통해 다른 사람들을 섬기는 은사를 계발시켜보고자 하는 소망을 갖게 되었습니다. 그녀는 기독교적 관점으로 교육하며 캘리포니아 주로부터 정식 인가를 받은 대학원 프로그램을 찾았고, 결국은 바이올라 대학(Biola College)의 대학원에 다니기로 결정하였습니다. 하지만 곧 몇 가지 난관에 부딪치게 되었습니다. 수업료 내는 데 많은 돈이 들어갔으며, 그녀가 살고 있는 오우클랜드(Oakland)와 학교 간의 거리는 640km

도 더 되었습니다.

셜리와 그녀의 남편인 사위 밥(Bob)은 이런 문제를 가지고 함께 이야기하고 기도하고 고민했습니다. 사위는 셜리에게 용기를 북돋워 주었고 그녀의 능력을 굳게 믿었습니다.

셜리는 대학원에 지원하여 합격하게 되었지만 거리가 또 너무 멀어서, 대학원 과정을 밟는 동안 그녀는 일요일 밤에 비행기로 남(南)캘리포니아에 있는 학교로 가서 수업을 들은 후, 목요일에 다시 비행기로 오우클랜드로 돌아오는 고생을 해야 했습니다. 집에서 학교까지 왔다갔다 하면서 버리는 시간 하며 비행기 요금, 생활비 등등 비용이 이만저만한 것이 아니었습니다. 그러나 이들 부부는 계획을 세워 저축하고 예산을 짰습니다. 정말 이것이야말로 온 가족이 함께 감행하는 대(大) 모험이었습니다.

셜리는 대학원 과정을 마치고 나서 어느 상담소에서 수백 시간에 걸쳐 인턴으로 근무했습니다. 마침내 캘리포니아 주에서 실시하는 종합 필기 시험날이 되었습니다. 시험을 치른 셜리는 결과가 나올 날만을 손꼽아 기다렸습니다.

어느 날 밥은 우체통에서 면허증이 들어 있는 커다란 봉투를 발견하고 너무 기뻐서 "여기 있어요! 여기! 당신 합격했소!"라고 소리치면서 집으로 뛰어들어갔습니다. 온전한 기쁨과 칭찬과 흥분이 넘치는 순간이었습니다.

밥의 신념과 지원, 보살핌이라는 협조가 있었기에 가능했던 한 편의 감동적인 드라마였습니다. 이러한 열성적인 수고의 결과로, 많은 사람들이 그들 부부의 사역을 통해 도움을 받고 있습니다.

격려해주고 확신을 갖고 밀어줄 때 은사는 발전하게 됩니다. 배우자의 지원과 신념이 없다면 은사는 그냥 묻혀져 버립니다.

우리는 결혼 생활을 받쳐줄 수 있는 몇 가지 행동들을 살펴보았습니다.

그 가운데서 당신의 결혼 생활에서 계발하고 싶은 것은 무엇입니까?

4. 친밀함

"우리"라는 체험

하나님께서 이렇게 말씀하셨습니다.

"사람의 독처하는 것이 좋지 못하니"(창세기 2장 18절)

"친밀한 관계"라는 말 속에는 많은 뜻이 들어 있습니다.
당신에게는 이 말이 무슨 의미로 다가옵니까?
"친밀"이라는 단어가 당신의 결혼 생활을 말해준다고 할 수 있겠습니까?
무슨 뜻으로 친밀하다는 말을 쓰고 있습니까?

많은 부부들이 친밀함이란 마치 줄이 여러 개인 현악기와도 같다는 사실을 깨닫고는 깜짝 놀랍니다. 하나의 첼로에서 울려나오는 선율은, 어느 줄 한 개를 통해 나는 것이 아니라 여러 개의 줄과 손가락의 위치가 조화를 이루어서 빚어내는 것입니다. 이와 마찬가지로 결혼에서도 친밀한 관계를 만들어내는 경우는 여러 가지입니다.

친밀함에 대해 이야기할 때 가장 흔히 생각하게 되는 것이 바로 성적(性的)인 친밀함입니다. 성적인 친밀함은 부부가 "한 몸"이 될 때, 정서적으로 그리고 육체적으로 함께 서로를 나눌 수 있는 환경을 만들어줍니다.

또 정서적(감정적) 친밀함도 있습니다. 많은 부부들이 정서적 친밀함이 가지고 있는 잠재성을 발전시키려는 의식적인 노력을 하지 않아서 그것을 놓쳐버리고 맙니다. 정서적 친밀함은 상대방을 아주 깊이 이해할 때, 그리고 중요하고 가치있다고 생각되는 것과 삶에 대한 태도를 나눌 때 생겨납니다.

정서적인 친밀함은 다른 모든 형태의 친밀함의 밑바탕이자 가장 최상의 형태이기도 합니다. 한 쌍의 부부가 깊은 수준에서 나눔을 가질 수 있게 될 때, 그리하여 상대방의 감정을 이해하고 공감하게 될 때, 그들 부부는 친밀함을 경험하게 됩니다.

이러한 정서적 친밀감을 계발하기 위해 부부가 함께 노력해야 할 행동은 다음과 같습니다.

1. 서로 상대방을 비방하거나 투덜대거나 말을 가로막지 않음으로써 서로에게 열려진 마음으로 자유롭게 접근할 수 있는 분위기를 만들어가십시오.

그러기 위해서 상대방에게 좀더 정직하게 대하여 신뢰감을 두텁게 하며, 당신들 사이에 가로놓인 담이나 장벽을 허물어뜨리십시오. 아니, 아예 그러한 조짐이 고개도 못 들도록 해버리십시오.

저드슨 스위하트(Hudson Swithart)는 인간 관계에서의 벽을 허무는 것의 중요성을 다음과 같이 말하고 있습니다.

「고독은 자신을 방어하려는 자들이 치르게 되는 대가이다. 어떤 사람들의 모습은 마치 중세의 성(城)을 연상시킨다. 그들의 높다란 담벽은 그들을 상처받지 않도록 안전하게 지켜준다. 그들은 다른 사람들과 전혀 감정의 교류를 갖지 않음으로써 그들 자신을 정서적인 면에서 보호한다.

어느 누구도 그 성 안으로 들어갈 수 없다. 성 안에 있는 사람들은 공격으로부터 안전하다. 그러나 그들이 자신의 모습을 가만히 살펴보면, 외롭게 홀로 말을 타고 성 주변을 돌아다니고 있는 것을 발견하게 된다.

성 안에 사는 사람은 스스로 만들어놓은 감옥 속에 갇혀 있는 죄수이다. 그들은 누군가로부터 사랑받는다는 것을 느껴야 할 필요가 있지만, 담벽이 너무도 높아 그들이 밖으로 손을 뻗치는 것도, 다른 누군가가 안으로 손을 뻗어오는 것도 모두 어렵게 된다.」(저드슨 스위하트, How Do You Say, "I Love You"? Downers Groves, Illinois : Inter Varsity Press, pp. 46, 47.)

이번에는 이러한 장벽이 가져다주는 황폐함을 보여주는 "벽" (Walls)이라는 글을 읽어봅시다.

「결혼 사진이 테이블 위에서 이제는 더 이상 서로의 마음이 통하지 않게 된 두 사람이 비웃고 있었다.

그들은, 어떠한 강력한 말이나 접촉으로도 쉽게 부서지지 않는 거대한 바리케이드를 사이에 두고 살아갔다.

첫 아이에게 이빨이 처음 나던 때로부터 막내딸이 대학을 졸업하게 되던 그 사이, 그 어디쯤에선가 그들은 서로를 잃어버리게 되었다.

몇 년 간 그들은 '자신'이라는 엉켜진 실타래를 서서히 풀어갔다.

잘 풀어지지 않는 매듭을 잡아당기면서도 서로가 상대방 앞에서는 안 그런 척했다.

가끔 아내는 밤중에 깨어 울부짖었다. 그리고 침묵하는 어둠에게 내가 누구인지 말해달라고 보채곤 했다.

남편은 겨울잠에 한창인 곰처럼 코를 골며 아내 곁에 누워 있었다. 그녀가 겪고 있는 겨울은 알지도 못한 채.

어쩌다 둘이 잠자리를 함께한 후에라도 남편은 죽음을 두려워하고 있는 자신의 벌거벗은 영적 상태에 대해 말하고 싶어 하지만, 그 대신에 아내의 가슴이 예쁘다는 말만 하는 것으로 그치고 만다.

아내는 현대 미술을 배웠다. 캔버스 위로 흩뿌려진 갖가지 색의 물감 방울들 속에서 그녀 자신을 찾으려 애쓰면서… 그리고 감각이 무딘 남자들에 대해 함께 배우는 여자들에게 불평을 늘어놓으면서…

남편은 '사무실'이라는 무덤 위로 기어올라가 돈뭉치로 된 수의(壽衣)로 마음을 감싼 후, 단골 손님 속으로 자신을 묻어버렸다.

서서히 그들 사이로 '무관심'이라는 회반죽이 발린 벽이 솟아올랐다. 어느 날 서로에게 닿아보려고 손을 뻗쳤지만 그들은 하나의 벽에 부딪쳤다. 그 벽은 도저히 뚫고 들어갈 수 없었고 차가운 석재(石材)가 그들을 움츠러들게 하였다. 그들은 서로 반대편에 서 있는 낯선 사람에게서 멀어져갔다.

사랑은 이미 죽어버렸다. 그리하여 그 둘 사이에 벌어지는 격전의 순간에도, 불같이 타올랐던 육체가 식어갈 때에도 사랑은 그곳에 없었다.

사랑은 자기가 허물어뜨리다 실패해버린 장벽 아래에서 숨을 헐떡이며 지친 상태로 죽어가고 있었다. - 작자 미상」

2. 둘 사이의 꾸밈없고 자연스러운 분위기 조성을 위해 노력하십시오.

상대방이 자신의 원래 모습과 달라지기 위해 애쓰게 하지 말고 바로 그 자신이 될 수 있도록 이끌어주십시오. 그리고 상대방으로 하여금 좋은 것이건 나쁜 것이건, 하고 싶은 이야기는 모두 다 터놓고 할 수 있도록 만들어주십시오.

존 포웰(John Powell)은 이러한 허물없는 상태의 필요성에 대해 다음과 같이 적고 있습니다.

「두 사람 간의 우정이나 사랑이 성숙하기 위해서는 서로 완전히 솔직하게 자신을 드러낼 수 있어야만 한다. 그리고 이런 식으로 자기를 드러내는 것은 오직 '속을 다 내보이는' 대화를 통해서만 가능하다. 다른 방법은 없다. 우리가 자신의 핑계거리와 거짓말을 합리화하기 위해서 둘러대는 모든 변명들은 결국 기만으로 보여지게 된다. 거짓된 관계가 초래하는 경직됨과 불안 속에 빠져 있는 것보다는 차라리 상대방에게 그에 대한 느낌을 솔직하게 말해주는 것이 훨씬 낫다.

거짓됨은 언제나 다시 되돌아와서 우리를 따라다니며 괴롭힌다. 비록 상대방에게 '나는 당신에게 감정적으로 끌리고 있지 않다'라고 말해야만 할지라도, 그 사실을 숨기려 들고, 그리하여 마침내는 행했던 모든 기만에 대한 최종적인 대가를 지불하게 되어, 나 자신에게는 물론 상대방에게 더 커다란 상처를 주게 되는 것보다는 훨씬 낫다.

또 때로는 말하기 곤란한 문제가 있어서 정말 난처하게 되었을지라도, 진정한 친구 사이라면 상대방은 언제든지 있는 그대로의 모습을 받아들일 준비가 되어 있어야 한다. 만약 양쪽 모두가 서로 정직하게 터놓고 지내려는 결단을 하지 않고 관계를 유지하려든다면, 거기에는 우정도 성장도 없는 것이다. 다만 너는 너, 나는 나라는 식의 메마름만 있을 뿐이다. 십대(十代)들에게서 흔히 볼 수 있는 말싸움, 삐쭉거림, 질투, 분노 그리고 고자질과 같은 것들이 이런 관계의 특징이라 할 수 있다.」(존 포웰, Why Am I Afraid to Tell You Who I Am?, Niles, Illinois : Argus Communications Co., pp, 62,63.)

3. 당신의 배우자의 느낌을 존중해주십시오.

당신이 말하거나 행동하기에 앞서서 배우자의 느낌과 감정을 고려해보는 시간을 가지십시오. 친밀함은 상호간의 존경심을 필요로 합니다.

4. 배우자에게 자유로움을 주고 그 사람을 소유하려고 들지 마십시오.

"빌린 것은 내 것이나 마찬가지"라는 옛말이 있지만, 이것은 친밀한 인간 관계에는 적용되지 않습니다. 어떤 사람이 다른 누군가를 소유한다는 것은 중요한 일이 아닙니다. 각자는 상대방이 구속받지 않도록 이끌 필요가 있습니다.

친밀함이란 하나의 과정입니다. 당신은 관계가 맺어지는 처음 순간부터 친밀함을 키워나가야 하는 것이며, 관계가 계속되는 한, 친밀함이 제대로 유지될 수 있도록 노력해야만 합니다.

당신은 지적(知的)인 면에서의 친밀함에 대해 들어본 적이 있습니까? 자신의 지적인 세계를 다른 사람과 나눌 때, 친밀함은 더욱 두터워집니다. 이러한 친밀함을 얻으려면, 당신은 배우자의 지적 능력과 그의 견해를 존중하고 있다는 것을 보여주어야 할 필요가 있으며, 무엇보다도 대화를 해야만 합니다.

친밀함의 또 다른 형태로는 심미적인 친밀함이 있습니다. 바로 미적인 경험을 함께 나누는 것이지요. 어떤 부부는 음악 감상을 함께 하는 반면, 또 다른 부부는 산에 가서 멋진 풍경을 캔버스에 담는 것을 더 좋아할 수도 있습니다.

당신의 결혼 생활 속에서 이러한 친밀함을 발견했습니까? 함께 즐길 수 있는 것이 무엇이 있을까 조심스럽고 사려깊게 상대방에게 물어보고 가만히 귀기울여 들어본다면, 당신의 결혼 생활 가운데서 심미적인 친밀함을 발견하는 데 도움이 될 것입니다.

나에게, 지상에서 가장 아름답고 평안함을 주는 것 중의 하나는 테튼 국립공원에 있는 제니 호수(Jenny Lake) 입구에서 바라다보이는 풍경입니다. 세차게 흐르는 시냇가를 따라 걷다보면 몇백km로 넓게 펼쳐진 수풀을 지나게 됩니다. 그런 다음 갑자기 나타나는 야트막한 비탈길을 내려가다보면 제니 호수의 입구에 들어서게 되고, 드디어 시냇물과 수풀, 하늘, 그리고 뾰족한 산봉우리가 어우러져 빚어내는 깜짝 놀랄 만큼 아름다운 광경과 맞부딪치게 됩니다. 나는 외떨어진 곳에서 조용하게 자신의 아름다움을 드러내는 이곳을 소중하게 여깁니다.

나는 어느 구름 한 점 없이 맑은 날 아침 일찍, 햇빛이 산등성이 위를 살금살금 기어가고 있는 것을 바라보며 이곳에 와본 적이 있습니다. 햇빛은 서서히 산허리께를 타고 내려와 숲 속으로 기어들어가더니 제니 호수의 잔잔한 수면 위로 눈이 부실 만큼 마구 빛을 쏟아내는 것이었습니다.

먹구름이 끼어서 어두운 날에는 수평선까지도 흐릿해집니다. 그러나 번쩍거리는 번갯불이, 가려져버린 자연의 모습을 훤히 드러내줍니다. 우박을 동반한 폭풍우가 내리치는 날에는 커다란 둥근 바위에 걸터앉아 챙이 넓은 모자로 우박을 막아내며 몸을 보호하느라 코우트를 더욱 세게 여미었습니다.

매번 나는 그 독특한 아름다움을 맛보았고, 그 경험들은 나의 추억 속에 차곡차곡 쌓여갔으며, 다음에는 또 어떨까 하는 기대를 하게 만들었습니다. 나는 이런 멋진 경험을 아내 조이스와 함께 즐겼습니다.

친밀함은 "이것 참 아름답지", "저것 좀 봐", 또는 "전에 이런 것 본 적 있어요?"와 같은 말만 계속 내뱉는다고 해서 생기는 것은 아닙니다. 친밀함은 아무 말없이 그냥 함께 서 있는 것만으로도 생깁니다. 친밀함은 멋진 광경을 보면서 함께 목을 축이는 것입니다. 친밀함은 상대방이 눈 앞에서 멋진 것을 함께 즐기고 있음을 가슴 가득히 느껴보는 것입니다.

말을 하지 않고서도, 아름다움에서 받는 감동을 나눌 수 있습니다. 무언(無言) 중에 나눔이 있는 그러한 순간들은 오래오래 기억될 것이며, 혼자 은밀히 생각할 때나 혹은 대화하는 가운데 몇 번이고 되풀이되어 나타날 것입니다.

친밀함은 "우리"라는 체험, 즉 '함께 나눈 자기 자신'이라는 말로 표현될 수 있습니다. 어떤 부부는 이러한 "우리"라는 관계로 나아가지 못하고 평행선과 같이 서로 저만치 떨어져서 팽팽히 맞서는 결혼생활을 하기도 합니다. 그들 두 사람은 각기 배우자의 소망과 욕구, 필요 등에는 거의 신경을 쓰지 않고 자기 자신에 대한 생각으로만 가득 차 있습니다.

친밀함은 사랑의 한 단면입니다. 그것은 오랜 시간에 걸쳐서 이루어지는 과정입니다. 친밀한 관계 속에서는 신뢰와 정직이 모든 일에서 드러나게 되는 법이며, 그러한 관계를 갖는 사람들은 '무슨 말을 들으면 어떡할까' 두려워하지 않고 그들의 저 깊숙한 내면 세계(이를테면, 느낌, 생각, 두려움)를 서로 나눌 수 있게 됩니다.
다음과 같은 말을 한번 들어보십시오.

「정직은 사랑의 한 부분이다. 부부는 그들의 생각과 두려움, 행동, 동기 그리고 욕구들에 대해 정직할 수 있어야만 한다. 가면을 쓰고 사는 것은, 상대방의 내면 세계를 알고자 하는 배우자의 정당한 권리를 부인해버리는 것이다. 그러한 삶은 또한 배우자에게 성실해보려고 하는 사람의 의욕을 꺾어버리게 된다.」(Lionel Whiston, Are You Funto Live With?, Waco, Texas : Word Books, p. 121.)

「결혼의 커다란 목표는 서로간의 완전한 개방과, 몸과 마음 전체에 이루어지는 총체적인 친밀함이다. 그러나 이것은 하룻밤사이에 이루어지는 것이 아니다. 그러한 목표를 이루는 데는 때로는 몇 년이 걸리기도 하며, 또 어떤 부부들은 결코 완전하게 다다르지 못하기도 한다.

그러나 하나님께서는 우리가 계속 그러한 목표를 향해 나아가기를 바라시며 매일 그리스도의 사랑으로 공손하게 우리 자신의 마음을 다른 사람에게 조금씩 점점 더 드러내보이기를 원하신다.」(Richard L. Strauss, Marriage Is For Love, Wheaton : Tyndale House Publishers, p. 85.)

「결혼은 친밀함을 나누는 관계이므로 부부 사이에는, 형식적이고 틀에 박힌 관계를 훨씬 넘어서는 정직하고 깊이있는 수준의 만남이 필요하다. 서로 잘 알지 못하고서는 삶을 온전히 나눌 수 없는 것이다. 그리고 다른 어떠한 관계에서도 좀처럼 찾아볼 수 없을만큼 개방된 사이가 아니고서는 서로를 잘 알 수가 없다. 결혼 생활에서 서로에 대해 비밀로 하는 것이 있다거나 속을 잘 드러내지 않고 방어적으로 대하게 되면 그들의 관계는 수박 겉 핥기 식이 되어갈 수밖에 없게 된다.」
(David & Vera Mace, We Can Have Better Marriages if We Really Want Them, Nashvile : Abingdon Press, p. 103.)

「있는 그대로의 솔직한 감정을 드러낼 수 있다는 것은, 우리를 자유스러운 가운데 자기 자신이 되도록 해줄 만큼 가정 생활이 안정적이라는 긍정적인 증거가 될 수 있다. 그런 가운데는 심지어 서로를 화나게 건드리는 때라 할지라도 위험한 것이 아니다. 감정을 상하게 하는 말이 위험스러운 경우는, 피상적으로 상대방에게 잘 대해주는 것으로 겨우 유지될 만큼 부숴지기 쉬운 결혼 생활일 때만 그렇다. 그러한 가정은 오직 서로의 겉모습만 믿는 것이지, 그들을 하나 되게 만드는 근원이신 하나님을 믿는 것이 아니다. 그들은 신앙으로 사는 것이 아니라 두려움으로 살아나간다」(Roy W. Fairchild, Christians in Famillies. Atlanta : John Knox Press, c Marshall C. Dendy, p. 147)

예수님의 삶과 사역도 많은 사람들과의 관계들로 채워져 있습니다. 그런데 예수님의 인간 관계를 살펴보면 다소 특이한 점이 발견됩니다.

처음에는 절름발이, 장님, 귀머거리와 같은 아주 낯선 사람들과 접촉하셨습니다. 그리고 니고데모나 우물가의 여인과 같은 그저 얼굴만 익히는 정도의 관계를 지나, 마리아와 마르다와 같은 가까운 친구 관계로 옮아가셨습니다. 그 다음에는 나사로와 베드로, 요한 야고보와 아주 절친한 친구 관계를 맺으셨고, 마침내는 그분의 부활 후에 그분을 위해 기꺼이 순교하는 사도들과의 희생적 사랑의 관계로까지 나아가셨습니다.

예수님께서는 모든 사람들이 그분의 몸을 통해 서로 관계를 맺기 원하십니다. 마치 모든 사람들이 한 성령님의 인도를 받는 것처럼 말입니다. 그리고 "…서로 사랑하라 내가 너희를 사랑한 것같이 너희도 서로 사랑하라"는 요한복음 13장 34절의 말씀대로 모든 신자들이 서로 사랑하는 것은 주님의 간절한 바람입니다. 그분은 자기 몸의 각 지체인 우리 믿는 사람들끼리, 단순히 그저 아는 사이나 심지어는 우정의 단계까지도 넘어서는 깊은 차원의 교제, 즉 사랑과 친밀함이 충만한 교제를 하기를 바라십니다. 부부 관계도 바로 이러해야만 하는 것입니다.

친밀한 부부 관계를 위하여

- 하나님께서 그리스도 안에서 당신을 위해 행하신 일을 생각하며 자신이 어떠한 존재인가를 깨닫고 믿음의 확신에 거하십시오.
- 배우자를 향해 마음의 문을 활짝 열고 다가가며 서로의 삶을 나누십시오.
- 배우자의 말을 잘 들어주고 격려하는 사람이 되십시오.
- 배우자의 요구를 들어주고자 애쓰십시오.
- 함께 기도하는 생활을 하십시오.

다음의 말을 한번 생각해보십시오.

「오직 부부가 하나님 앞에서 함께 기도할 때라야만 그들은 참된 화합의 비밀을 깨달을 수 있게 된다. 그럴 때, 그들의 기호가 다르다는 것도 가정 생활을 위태롭게 하지 않고 오히려 풍요롭게 해주는 역할을 하게 된다. 그리고 한쪽은 자신의 뜻을 상대방에게 강요하고 다른 한쪽은 조용히 살기 위해서 양보해버리고 마는 식의 심각한 문제는 더 이상 생겨나지 않는다.

대신 그들은 하나님의 뜻을 함께 추구한다. 오직 그렇게 할 때 부부 각자의 개성(인격)이 온전히 발전할 수 있게 된다… 부부 각자가 하나님 앞에서 조용히 겸허하게 자기 자신의 잘못을 찾아보고 죄를 깨달으며 상대방에게 용서를 구하게 될 때, 결혼 생활의 문제점들은 자취를 감추게 된다. 이러는 가운데 각자는 상대방의 언어를 이해하여 그 언어로써 말할 수 있게 되어 두 사람 사이의 견해차가 좁혀지게 된다. 그리고 둘 중의 한 사람이 옳을 경우 쉽게 내뱉던, 상대방의 감정을 해치게 되는 말들도 억제하게 된다. 무엇보다도 부부는 서로 간에 완벽한 신뢰를 재발견하게 된다.

부부가 함께 깊이 묵상하는 기도를 할 때 그들은 서로에게 완전히 정직할 수가 있게 된다. 다른 점이 많은 두 배우자가 갈등을 극복하고 각각의 은사를 합치려 한다면 그들은 반드시 함께 기도하는 생활을 해야 한다.」(Paul Tournier, The Healing of Persons, New York : Harper & Row Piblishers, pp. 88, 89.)

「하나님께로 향하는 통로는 항상 부부 서로 간에 연결이 되어 있다. 하나님과 진정하게 통한다고 하는 사람이 배우자에게는 닫혀 있을 수 없기 때문이다. 그러기에 부부가 함께 기도하는 것은, 특히 결혼 생활 중에 생기기 쉬운 경쟁 심리를 완화시키며 동시에 서로를 보충해주고 완전하게 해준다는 느낌을 증가시킨다. 성령께서는 결혼 생활 가운데서 그분의 도움이 필요한 것이면 어떤 것에든 역사하고자 기회를 찾고 계신다. 그래서 부부가 함께 기도하는 그 순간 그들은 성령께 마음 깊은 곳으로 들어오실 수 있는 문을 열어드리는 것이 된다. 하나님께서는 대화의 통로가 우선적으로 그분을 향해 열려질 때, 그리스도인 부부의 결혼 생활에 대해 그분이 의도하셨던 바를 비로소 이루어가시게 된다.」(드와이트 스몰,『'내가 할께' 라고 당신이 말한 후에』 p. 244.)

5. 대화

서로에게 나아가는 길

우리 부부는 수킬로미터 떨어진 곳에 있는 어느 호수로 목적지를 정했습니다. 거기까지 올라가는 데는 두 시간 정도 소요될 것 같았습니다. 차를 세워둔 곳을 떠나서 걸어가다가 우리는 산으로 들어가는 세 개의 길 가운데 하나를 선택해야만 하는 상황에 놓이게 되었습니다. 그 중에 하나가 다른 두 개의 길보다는 등산객도 많이 지나다니고 더 잘 닦여져 있는 것같이 보였습니다. 그래서 그 길을 택해서 산을 오르게 되었습니다.

길을 따라가다가 우리가 택했던 길이 사람이 많이 다니는 중심통

로라는 사실을 금방 알게 되었습니다. 가끔가다가 호수와 고원 목장 지대로 통하는 샛길들이 그 길에서 갈라져나가기도 했습니다. 그러한 샛길을 열두 개 이상 지나쳐서야, 처음에 목적지라고 생각했던 곳에 다다를 수 있었습니다.

그런데 우리는 목표로 정했던 호수를 찾는 대신에, 땅이 움푹 들어간 곳 주위로 여기저기 흩어져 있는, 작지만 눈길을 끄는 세 개의 호수가 내려다보이는 언덕 위로 올라갔습니다. 거기에서 바라다보니 우리가 걸어왔던 길에서 세 갈래로 길이 갈라져 있는데, 모두 소나무들이 들어서 있었으며, 각각 호수 하나씩과 이어져 있었습니다. 이제 우리들에게는 낚시를 즐길 수 있는 호수가 훨씬 더 많아진 셈이었습니다.

그때의 일을 생각해보니 맨 처음에 택했던 길 덕분에 우리는 다양한 선택권을 누릴 수 있었던 것 같습니다. 물론 다른 길들을 통해서도 우리가 낚시를 즐겼던 호수 중에 하나를 발견할 수 있었겠지만 사람들이 주로 다녔던 중심 통로를 이용했기 때문에 우리는 많은 즐거움을 누릴 수 있었습니다. 그 길이 아니었더라면 우리의 경험은 아마도 크게 제한되었을 것입니다.

결혼 관계를 키워나가는 주된 통로 가운데 하나가 바로 대화입니다. "대화"라는 주요 도로에서부터 다른 길들이 갈라져나옵니다. 대화 없이는 관계가 이루어질 수 없습니다. 오직 메마름만 있을 따름입니다.

「대화가 없으면 관계가 나아질 수 있는 가망이 없어지고 관계를 위해서 각 배우자들이 힘써보는 것도 소용없게 되며, 예전에 대화를 통해 상처를 치유하던 방법도 더 이상 존재하지 않게 된다. 서로 자기 자신을 정당화시키고 상대방에게 상처를 주고자 했던 상태로부터 벗어났을 때, 그들은 각자 고독이라고 하는 밑도 끝도 없는 구덩이 속에 빠져 있는 스스로의 모습을 발견하게 될 것이다. 그 구덩이에서 그들을 건져올릴 수 있는 길은 오직 대화라는 밧줄뿐이다. 그런데 그 밧줄은 이미 너무 약해져 있기 때문에 그들을 구해낼 수도 있지만, 그렇게 하지 못할 수도 있게 된다.」(메이스 부부, 『좀더 나은 결혼 생활을 위하여』, p. 99.)

루엘 하우(Reuel Howe)도 이렇게 말하고 있습니다.

「신혼 부부가 새로운 삶을 시작하면서 반드시 지녀야 할 통찰력이 있다고 한다면, 그것은 그들 사이에 있는 대화의 통로를 무슨 일이 있어도 항상 열어놓으려고 애써야 한다는 것이다.」 (루엘 하우, Herein Is Love, Valley Forge, Pennsylvania : Judson Press, p. 100.)

메이스 부부는 결혼과 대화와의 관계를 다음과 같이 생생하게 묘사하고 있습니다.

「결혼은 결혼식날 신혼 부부가 그들 앞으로 물려받은, 많은 방을 가진 커다란 저택에다 비유할 수 있다. 보통 우리가 마음 편한 집에서 그러는 것처럼, 신혼 부부도 그 많은 방들을 마음껏 사용해 보고 싶은 희망에 부풀어 있으며, 장차 그들은 삶을 나눌 수 있는 많은 활동들을 벌여나갈 것이다.
하지만 많은 결혼을 볼 때, 방들의 문은 굳게 닫혀져 있다. 굳게 닫힌 문은, 부부가 그들의 관계에서 함께 찾아나설 수 없는 영역이 있음을 보여주는 것이다.
문을 열어보려는 시도들은 실패하고 좌절한다. 꼭 맞는 열쇠를 도무지 찾을 수가 없다. 그리하여 부부는 아직 아무도 들어가서 사용해본 적이 없는, 가능성이 충만한 방들을 내버려둔 채, 쉽게 문이 열리는 몇몇 방에서 함께 살아가는 것에 머물러버리게 된다.

그러나 모든 문을 열 수 있는 단 하나의 열쇠가 있다. 물론 그것을 찾는 것은 쉽지가 않다. 아니, 더 정확히 말해서 그 열쇠는 부부가 함께 쇠를 달구고 두들겨서 만들어내야만 하는 것이다. 이 열쇠는 바로, 부부간의 효과적인 대화라는 위대한 기술을 말한다.」 (메이스 부부의 앞의 책, pp. 98,99.)

다른 것들보다 탁월한 대화의 모범이 있습니까? 다른 것들보다 더 생산적인 대화 방식이 있습니까? 결혼 생활에 도움을 주는, 지난 몇 년 동안에 나온 수많은 책들이 이러한 것들에 중점을 두어 씌어졌습니다. 그러나 다른 어떤 것보다도 포괄적인 도움을 주는 한 권의 오래된 책이 있습니다. 바로 성경입니다. 하지만 많은 사람들이, 매일매일의 대화생활을 위한 많은 실제적인 지침들이 성경 속에 들어 있다는 사실을 잘 모르고 있습니다. 그 가운데에서 몇가지의 것들을 한번 생각해봅시다.

당신이 하는 말의 근원

당신이 쓰는 말은 어디에서 나오는 것입니까?

이것에 대해 생각해 본 적이 있습니까?

당신의 언어는 거칠고 비판적이어서 다른 사람의 감정을 상하게 합니까? 아니면 사랑스럽고 친절하며 사려깊습니까?

그러한 것은 모두 무엇을 반영해주고 있는 걸까요?

우리가 하는 말들은 우리의 내면과 삶의 태도, 감정과 사상을 있는 그대로 비추어 보여줍니다. 성경은 바로 이것을 말해주고 있습니다.

"사람의 행위가 자기 보기에는 모두 깨끗하여도 여호와는 심령을 감찰하시느니라"(잠언 16:2)

"지혜로운 자의 마음은 그의 입을 슬기롭게 하고 또 그의 입술에 지식을 더하느니라"(잠언 16:23)

우리가 무엇을 생각하며, 어떻게 상상력이라는 창조적인 힘을 사용하는가 하는 것은, 우리가 하는 말의 내용을 결정합니다. 상상력은 머리 속으로 그림을 그릴 수 있는 능력을 말합니다.

알렉산더 횟트(Alexander Whyte)는 상상력에 대해서 이렇게 말하고 있습니다.

「상상력은 내적으로나 외적으로나 우리를 온통 시각(視覺)의 세계로 이끈다. 상상력은 우리가 가지고 있는 그 어떤 능력보다도 훨씬 강하기 때문에, 심리학자들은 종종 우리의 의지와 상상력이 갈등을 일으켜 싸우게 되면 언제나 상상력이 이기고 만다는 이야기를 한다. 그렇기 때문에 우리가 그리스도의 도우심에 의지하여 절대로 우리 마음 속에 아무 그림이나 함부로 그리지 않겠다고 굳게 마음먹는 것은 얼마나 중요한지 모른다. 상상력은 정말 우리가 머리 속에 그린 것을 실제 눈으로 볼 수 있도록 만드는 힘을 가지고 있다.」(Hannah Hurnad, Winged Life, Wheaton : Tyndale House Publishers 에서)

화나게 하고 적의와 비통함에 빠지게 하는 생각들만 계속 되씹다보면 자꾸 부정적인 태도를 갖게 될 것입니다. 반면 긍정적인 것들과 변화하는 데 도움이 되는 제안, 그리고 부부 관계를 튼튼하게 해주는 방법들을 생각하는 것은 삶을 건설적인 방향으로 이끌어줍니다. 우리에게는 자신의 생각을 절제하고 변화시킬 능력이 있음을 기억하십시오. 우리는 자신의 생각과 말에 책임을 져야 합니다.

데이비드 오그스버거(David Augsburger)는 "떳떳할 수 있는 자세"(Caring Enough to Confront)라는 글에서 다음과 같이 말합니다.

「내가 한 생각, 내가 한 말, 내가 한 행동, 내가 느낀 감정, 이것들은 모두 나의 것이다. 그러므로 나는 이것들에 대해 전적인 책임을 진다.」 (데이비드 오그스버거, The Love Fight, Pennsylvania : Herald Press, p.54.)

성경은 우리의 생각이 변화될 수 있음을 말해줍니다. 다음을 생각해봅시다.

"오직 너희의 심령이 새롭게 되어"(에베소서 4:23)

"…오직 마음을 새롭게 함으로 변화를 받아"(로마서 12:2)

이러한 말씀에서, 마음과 생각이 우리 속에 거하시는 성령님의 역사하심으로 통제될 수 있다는 사실을 알게 됩니다. 여기에서 새롭게 된다는 말은 하나님께서 새롭게 만드신다는 것을 뜻합니다.

그렇기는 하지만 우리의 정신적인 삶이 강건해지도록 우리 스스로 애써야 할 부분도 있는 것입니다.

빌립보서 4장 6절 말씀을 보십시오.

"아무 것도 염려하지 말고 다만 모든 일에 기도와 간구로, 너희 구할 것을 감사함으로 하나님께 아뢰라"(빌립보서 4:6)

베드로전서 1장 13절에도 이런 말씀이 있습니다.

"그러므로 너희 마음의 허리를 동이고 근신하여."

위의 말씀들은 인간인 우리 편에서 감당해야 할 정신적인 노력에 대해 이야기하고 있는 것입니다.

우리가 하는 말의 위력

"너희가 내 마음을 괴롭히며 말로 나를 짓부수기를 어느 때까지 하겠느냐"(욥기 19:2)

말은 파괴할 수 있는 힘도 가지고 있고 세워주는 힘도 가지고 있습니다.

"칼로 찌름 같이 함부로 말하는 자가 있거니와 지혜로운 자의 혀는 양약과 같으니라"(잠언 12:18)

"우리가 다 실수가 많으니 만일 말에 실수가 없는 자라면 곧 온전한 사람이라 능히 온 몸도 굴레 씌우리라"(야고보서 3:2)

"혀는 곧 불이요…"(야고보서 3:6)

"그러므로 생명을 사랑하고 좋은 날 보기를 원하는 자는 혀를 금하여 악한 말을 그치며 그 입술로 거짓을 말하지 말고"(베드로전서 3:10)

"죽고 사는 것이 혀의 힘에 달렸나니 혀를 쓰기 좋아하는 자는 혀의 열매를 먹으리라"(잠언 18:21)

당신은 결혼 생활을 세워줄 수 있는 건설적인 방법으로 말의 위력을 사용할 수 있습니까? 그것은 가능합니다. 하지만 이것 역시 당신의 선택에 달린 문제이지요.

대화를 할 때 다음의 6가지를 실천해 보십시오.

1. 말하기 전에 생각하십시오.

만약 상대방의 말에 대한 반응을 즉각적으로 나타내보이는 대신에 당신의 생각과 할 말을 명확하게 하는 데에 시간을 들인다면, 당신은 인간 관계를 더 잘해나갈 수 있을 것입니다.

"의인의 마음은 대답할 말을 깊이 생각하여도 악인의 입은 악을 쏟느니라"(잠언 15:28)

"입과 혀를 지키는 자는 자기의 영혼을 환난에서 보전하느니라"(잠언 21:23)

"네가 말이 조급한 사람을 보느냐 그보다 미련한 자에게 오히려 희망이 있느니라"(잠언 29:20)

2. 말다툼을 피하십시오.

말다툼은 분노와 인신공격을 특징으로 합니다. 반대로, 건설적 논쟁과 분쟁을 해결하는 것에는, 기꺼이 상대방의 말에 귀기울여주며 그것을 곰곰이 생각하고 조언(제안)하는 모든 행위가 포함됩니다. 이런 식의 대화는 관계를 깨뜨리기는커녕 튼튼하게 해줍니다.

"다툼을 멀리 하는 것이 사람에게 영광이거늘 미련한 자마다 다툼을 일으키느니라"(잠언 20:3)

"숯불 위에 숯을 더하는 것과 타는 불에 나무를 더하는 것 같이 다툼을 좋아하는 자는 시비를 일으키느니라"(잠언 26:21)

"온순한 혀는 곧 생명 나무이지만 패역한 혀는 마음을 상하게 하느니라"(잠언 15:4)

"오래 참으면 관원도 설득할 수 있나니 부드러운 혀는 뼈를 꺾느니라"(잠언 25:15)

3. 적당한 때에 적절한 만큼만 말하십시오.

말을 아끼고 적절한 말을 알맞은 때에 하는 것은 부부 관계를 견고하게 해줍니다. 쉴 새 없이 지껄여댄다든지 잔소리를 늘어놓는 것은 관계를 닳아 없어지게 하는 행위입니다.

성경에서도 이 점을 분명하게 해주고 있습니다.

"말이 많으면 허물을 면하기 어려우나 그 입술을 제어하는 자는 지혜가 있느니라" (잠언 10:19)

"허물을 덮어 주는 자는 사랑을 구하는 자요 그것을 거듭 말하는 자는 친한 벗을 이간하는 자니라" (잠언 17:9)

"말을 아끼는 자는 지식이 있고 성품이 냉철한 자는 명철하니라" (잠언 17:27)

4. 사랑 안에서 진실을 말하십시오.

"오직 사랑 안에서 참된 것을 하여…" (에베소서 4:15)

"그런즉 거짓을 버리고 각각 그 이웃과 더불어 참된 것을 말하라 이는 우리가 서로 지체가 됨이라"(에베소서 4:25)

"횃불을 던지며 화살을 쏘아서 사람을 죽이는 미친 사람이 있나니 자기의 이웃을 속이고 말하기를 내가 희롱하였노라 하는 자도 그러하니라"(잠언 26:18~19)

사랑 안에서 진실을 말한다는 것은, 관계를 이전보다 더욱 견고하게 하는 태도로 대화하는 것을 의미합니다. 바로 다음과 같은 것들입니다.

- 다른 사람에 대한 이야기를 삼가고 당신 자신의 이야기를 하십시오.
- "너"라는 말보다는 "나"라는 말을 넣어서 의사 전달을 하십시오. 이를테면 "네가 그랬어"라든가 "너는 이래"하는 식보다 "나는…라고 느껴"라든가 "나는…라고 믿어"하는 식으로 말하는 것이 좋다는 것입니다.
- 객관적인 사실을 들어서, 당신이 한 말을 입증하십시오.
- 당신이 알고 있는 사실이나 정보를 남김없이 나누십시오.

- "그것에 관해서 저녁 식사 후에 이야기합시다. 지금하지 말고"라고 말했으면, 약속된 제 시간에 당신이 먼저 이야기를 꺼내도록 하십시오.
- 질문을 했으면 답변을 기꺼이 받아들이도록 하십시오.
- 말을 이중적인 의미로 하지 마십시오. 상대편은 당신의 질문이라든가 의견을 액면 그대로 받아들일 수 있기 때문입니다.

내가 당신을 사랑하고 있다면
당신에게 진실만을 말해야 한다오.
나는 당신의 사랑을 원한다오.
그것은 곧 당신의 진실을 원한다는 거요.
나에게 진실을 말해줄 수 있을 만큼 나를 사랑해주시오. (데이비드 W. 오그스버거의 앞의 책, p. 1)

5. 당신의 분노를 인정하고 지혜롭게 다루십시오.

분노는 정상적이고 평범한 감정입니다. 화가 나는 것을 부인한다거나 억누르는 것은 위험합니다. 그렇다고 해서 화난 감정을 마구 드러낸다면 불행한 사태를 불러들이게 될 것입니다.

가만히 분노가 전하는 메시지에 귀기울여보십시오. 그리고 그 감정을 잘 이끌어내어 통제할 수 있도록 하십시오.

분노는 두려움과 좌절, 감정적인 상처에서 비롯됩니다. 분노는 당신에게 하나의 메시지를 전달합니다. 그것을 듣고 과연 무엇이 원인인가 찾아보십시오. 스스로 이렇게 물으면서 말입니다.

"지금 이 분노는 나에게 뭐라고 말하고 있는가? 난 지금 무언가로 인해 좌절된 상태인가? 난 지금 무얼 두려워하고 있나봐. 두려워하기 때문에 화가 나는 걸까? 나는 어떤 식으로든 마음에 상처를 받고 감정이 상해 있는 걸까?"

일단 무엇 때문에 화가 났는지 알게 되었으면 건전한 방법으로 화를 푸십시오. 어떻게 해야 할지 너무 막연하다고요?

다음 성경 말씀을 잘 들어보십시오.

"노하기를 더디 하는 자는 크게 명철하여도 마음이 조급한 자는 어리석음을 나타내느니라"(잠언 14:29)

"노하기를 더디 하는 것이 사람의 슬기요 허물을 용서하는 것이 자기의 영광이니라"(잠언 19:11)

"분을 내어도 죄를 짓지 말며 해가 지도록 분을 품지 말고 마귀에게 틈을 주지 말라"(에베소서 4:26~27)

"내가 백성의 부르짖음과 이런 말을 듣고 크게 노하였으나 깊이 생각하고 귀족들과 민장들을 꾸짖어 그들에게 이르기를 너희가 각기 형제에게 높은 이자를 취하는도다 하고 대회를 열고 그들을 쳐서"(느헤미야서 5:6~7)

느헤미야서 5장 6절의 "중심에 계획하고"라는 말이 다른 영역본 성경에서는 "나는 나 자신과 상의하고"라고 번역되었습니다.

위의 말씀들을 볼 때, 하나님께서는 당신을 화를 낼 수도 있는 존재로 만드셨다는 사실을 받아들일 수 있을 것입니다. 그런 하나님께서는 또한 당신에게, 분노를 없애거나 가라앉히고, 분노의 원인을 깊이 생각하여 할 말을 주의깊게 고를 수 있는 능력도 주셨다는 사실을 잊지 마십시오. 당신의 감정을 몇 자 적어본다거나, 갇혀서 꿈틀거리고 있는 힘을 운동으로 푼다거나, 다른 사람에게 감정 상태를 이야기해 버리는 것으로 분노는 발산될 것입니다.

6. 상처를 치유할 수 있는 말을 하십시오.

고통을 덜어주고 상처를 치유하며 상대방의 말을 지극히 예민하게 들어주는 대화는, 그런 대화에 참여하고 있는 사람들에게 환영을 받게 됩니다. 그리고 그러한 대화는 본심을 숨기지 않는 진솔한 응답을 하게 만듭니다.

"유순한 대답은 분노를 쉬게 하여도 과격한 말은 노를 격동하느니라"
(잠언 15:1)

"기름과 향이 사람의 마음을 즐겁게 하나니 친구의 충성된 권고가 이와 같이 아름다우니라"(잠언 27:9)

이제 당신이 할 수 있는 일들

- 여기에 나온 지침들과 성경 말씀들을 다시 읽어보십시오.
- 당신의 말하는 방식을 평가해보십시오.
- 당신 자신의 대화 생활을 향상시킬 수 있는 방법들을 목록으로 만들어보십시오.

● 대화에 관한 성경 말씀들을 당신의 삶에 적용시킬 수 있도록 그 방법들을 남김없이 적어보십시오.

「대화는 우리가 배우자를 알아가고 이해할 수 있도록 해주는 수단이다. 그러나 하나님께서는 우리의 배우자를 손수 만드셨으므로 이미 그들을 이해하고 계신다. 우리는 우리 부부 관계가 날마다 점점 더 소중해질 수 있도록, 하나님께서 인격적인 대화의 통로를 열어주시며, 우리의 배우자를 그분이 알고 계시는 것만큼 알 수 있게 해달라고 기도해야 한다.」(리차드 L. 스트라우스, 『결혼은 사랑을 위한 것』, p.87.)

6. 경청

상대편 내면 세계 속에서의 모험

　결혼 생활의 발전 여부는 서로가 상대방의 말을 얼마나 잘 들어주는가 하는 것에 달려 있습니다.

　당신은 배우자의 말을 얼마나 주의깊게 듣습니까?

　배우자는 당신의 말을 잘 들어줍니까?

　경청, 즉 열심히 들어준다는 것은 다른 사람에 대한 커다란 애정 표현 중의 하나입니다. 또한 그것은 당신이 줄 수 있는 가장 좋은 선물이기도 합니다.

「당신이 다른 사람들의 말에 열심히 귀기울여준다면, 당신은 그들의 삶 속에서 모험을 하고 있는 것이다. 우리는, 나를 참으로 진지하게 받아주고 내가 하고자 하는 말에 귀기울여주는 사람을 금방 알아본다. 그리고 너무도 바쁜 나머지 우리 말을 잘 들어주지 않는 사람들에게보다 훨씬 더 개방적인 태도로 그들을 대하게 된다. 우리는 그들과 정말 중요한 문제를 함께 나눈다. 그런고로 만약 당신이 그런 진지한 경청자라면, 다른 사람들은 당신을 그들의 인생에 손님으로서 초대하게 될 것이다. 그들은 당신이 자기의 말을 경청해주리라는 것을 알기 때문에, 자신에게 너무도 중요한 것들을 당신에게 맡길 것이다. 그리고 이것이야말로 최고로 가치가 있는 일이다!"

(코일러 부부, My Family : How Shall I Live With It?, Chicago : Rand McNally & Company, p. 57.)

어떻게 하는 것이 열심히 듣는 것일까요?

1. 열심히 들어준다는 것은 상대방이 쓰는 단어가 어떤 뜻을 가지고 있으며 그것이 그 사람에게 얼마만큼 영향을 끼치는가를 알고 있음을 의미합니다.

당신은 상대방의 말을, 그가 부여하는 의미에 따라서 받아들이게 됩니다. 당신 자신이 생각하는 의미로써라기보다는 말입니다.

2. **열심히 들어준다는 것은** 말의 내용 뿐만 아니라 말하는 사람의 느낌에도 반응을 보이는 것을 말합니다.

그리고 어조와 말로 하지 않는 암시까지도 예리한 눈으로 주목하는 것을 말합니다. 그것은 사실상 메시지의 90퍼센트 이상을 차지하고 있습니다.

배우자의 말을 들으면서, 그 사람이 이야기를 끝내면 무슨 말을 해줄까 미리부터 생각하지 마십시오. 모든 사실을 다 듣고 모든 정보를 다 받아들이게 될 때까지는, 다른 생각을 하거나 반응을 보이는 일을 하지 마십시오.

아주 오래 전에, 두 명의 기사가 서로 반대편에서부터 말을 타고 길을 따라 내려오고 있었습니다. 점점 거리가 가까워지던 중 두 사람은 커다란 나무의 가지에 묶여 있는 방패 하나를 발견하게 되었습니다. 한 기사가 이렇게 말했습니다.

"누가 이 검은 방패를 가질 것인가?"

그러자 또 다른 기사가 "검은 방패라구? 저건 하얀 방패야. 어떤 사람이 봐도 마찬가지야"라고 대답했습니다. 다시 먼저 말했던 기사가

"저것은 검은 색이야, 내가 뭐 장님인 줄 알아?"하며 반격해 왔습니다. 결국 두 사람은 결투를 하기에 이르렀습니다.

바로 그때, 또다른 기사가 그들 곁을 지나가다가 싸우는 소리를 듣게 되었습니다. 그 기사는 무슨 일이 벌어졌는가 알게 되어 두 기사에게 서 있는 자리를 한번 바꾸어보라고 제안했습니다. 그렇게 하고 나서야 비로소 그 두 사람은 방패가 한쪽은 흰색이고 다른 쪽은 검은색이라는 사실을 깨닫게 되었습니다. 그들이 너무도 성급하게 판단을 내려버리고 다른 방향에서 문제를 바라보지 못했기 때문에 이러한 소동을 빚게 된 것입니다.

잠언서에서도 역시 이 점에 대해 언급하고 있습니다.

"사연을 듣기 전에 대답하는 자는 미련하여 욕을 당하느니라"(잠언 18:13)

경청하는 것은 시간을 들여서 오직 상대방의 말에 집중하는 것이며, 그 사람의 느낌과 관점을 진지하게 받아들이는 것입니다.

「열심히 들어줄 때 자신과 타인에 대한 태도에 변화가 일어난다. 그리고 기본적인 가치관과 삶의 철학도 변하게 된다. 다른 사람이 자기 말을 경청해준 적이 있는 사람은 점점 정서적으로 성숙해가며, 자신이 경험하는 것에 대해 방어적이고 권위주의적이던 것에서 점차 개방적이고 민주적인 자세로 되어간다. 그리고 누군가 세심하게 자기 이야기를 들어주게 되면 사람들은 자신의 내면 세계의 소리를 좀더 주의깊게 듣게 되며, 자신의 느낌과 생각을 명확하게 해보려고 하게 된다. 이러한 변화들에 못지않게 중요한 것은 나의 말을 잘 들어주는 바로 그 사람의 내부에서 일어나는 변화인 것이다.」
(Carl R. Rogers, Richard E. Farson 공저, "적극적인 귀기울임"(Active Listening).)

폴 투르니에는 이렇게 말합니다.

「얼마나 아름답고 위대하며 자유롭게 해주는 경험인가, 사람들이 서로 도와가게 된다는 것은! 자신의 말을 누군가가 잘 들어주기를 갈망하는 인간의 욕구는 너무도 절박하다. 부부뿐만 아니라 나라와 나라 사이의 교류에 이르기까지 세상에서 일어나는 모든 대화를 다 들어보라. 그러면 대부분이 귀머

거리들간의 대화임을 알게 될 것이다.」 (폴 투르니에, To Understand Each Other, Atlanta : John Knox Press, CM. E. Bratcher, p. 29.)

또 이런 말도 있습니다.

「우리는 다른 사람의 말을 절반만 듣는다. 그리고 들은 것의 절반만을 이해하며, 이해한 것의 절반만을 믿는다. 그리하여 마침내는 믿은 것의 절반만을 겨우 기억할 수 있게 될 뿐이다.」

만약에 이것이 사실이라면 우리는 얼마나 불행한 사람들입니까?

당신은 어떤 지체로 듣습니까? 그냥 귀로 들으신다고요? 물론 그렇습니다. 하지만 그것이 전부일까요?

3. 열심히 들어준다는 것은 귀와 눈과 손을 총동원해서 듣는 것입니다.

배우자의 손을 잡아준다거나 어깨에 손을 얹으면서 이야기를 들어줄 때 친밀감이 생겨납니다. 거기에는 당신의 메시지와 배우자의 반

응이 들어 있습니다. 그렇게 이야기를 하는 동안 당신은 그 사람에게 완전하게 집중할 수가 있습니다. 조이스 랜도르프(Joyce Landorf)는 그녀 자신의 체험을 다음과 같이 말하고 있습니다.

「우리집 릭과 로리를 키우면서 나는 그 애들이 올 때마다 몇 번이고 안아주곤 했다. 어떤 때는 그 아이들이 왜 우는지 너무도 잘 알 수 있었지만, 어떤 때는 도무지 알 수가 없었다. 그들이 울음을 그치더라도 나는 '뭐가 잘못 되었니, 왜 울었어, 무슨 일 있었니?' 하는 식의 질문을 하지 않았다. 그저 그들의 손을 잡아주고 머리를 쓰다듬어주고 그곳에 함께 있어주는 것만으로도 그들에게는 충분했다. 이 얼마나 다른 사람의 말을 잘 들어주고 보살펴주고 공감하는 멋진 방법인가!

데이비드가 태어나서 곧 죽고난 후, 나는 제왕절개 수술을 받았던 것이 회복되어가고 있었기 때문에 진찰을 받아보기 위해 의사를 찾아갔다. 데이비드가 죽은 이후로 나는 그 주치의를 한번도 만나보지 못했다. 하지만 그날의 만남을 나는 평생 잊지 못할 것이다.

딕이 잠옷에 가운을 걸친 차림의 나를 병원에까지 데려다주었다. 나는 그때 몸이 너무 쇠약해졌기 때문에 진찰대에 오를 때에 간호사가 도와주어야만 했다. 모두가 다 나가고 나 혼자서 의사를 기다렸다.

마침내 그가 들어왔다. 하지만 그는 아무 말도 하지 않았다. 겉치레로 호들갑떠는 인사도 하지 않았다. 다만, 내 쪽으로 걸어오더니 내 손 위로 그의 양손을 살며시 얹는 것이었다. 내가 그를 올려다보았을 때 그는 눈물이 글썽한 채 창문 쪽으로 고개를 돌렸다. 그러나 여전히 내 손을 잡고 있었고 아무 말도 하지 않았다. 그런 방법으로 그는 짧은 순간이었지만 엄청나게 많은 말을 내 가슴 속 깊이 전달하였던 것이다. 그가 나의 아픔에 깊이 마음을 쓰고 있다는 것을 알아챌 수 있었기 때문에, 그것은 나에게 상당한 위로가 되었다. 비록 그는 아무런 말도 하지 않았지만, 그때의 경험이 남긴 여운은 앞으로도 계속될 것이다.」(조이스 랜도로프, Tough and Tender, Old Tappan, New Jer-sey : Fleming H. Revell, pp. 79, 80.)

당신의 눈도 역시 듣는 통로가 될 수 있습니다. 눈은 말 이상의 것을 볼 수 있도록 해줍니다. 배우자는, 고개를 흔드는 것과 같은 몸짓이나 눈짓 등 신체로 하는 언어를 통해서 당신에게 무엇인가를 말하고 있습니다.

「피트와 프란은 언제나 돈 문제에 있어서만은 계속 꼬이고 있는 것같이 보였다. 어느 날 그 부부는 휴가를 어떻게 즐길 것인가에 대해 이야기하고 있었는데, 프란은 많은 비용이 들 것 같은 휴가를 생각하고 있었다. 그리고 그들에게 돈이 없는 것도 아니었다. 그런데도 피트는 프란의 생각에 반대하였다. 프란은 왜 피트가 항상 돈 쓰는 문제에 있어서만은 그렇게 인색한지 이해할 수가 없었다.

그때 그녀는 남편의 눈빛에 서린 두려움의 기색을 훔쳐보게 되었다. 그리고는 더 이상의 말다툼을 그치고 피트의 말에 귀 기울이기 시작하였다.

비로소 그녀는 피트가 이번 휴가 때 돈을 많이 쓰게 되면 가정 재정이 힘들어질까봐 몹시 두려워하고 있으며, 자기 나름 대로 앞으로 어려울 때를 대비하여 충분한 돈을 모아두려고 하는 긴급한 필요성을 느끼기 때문에 그런 태도를 보였다는 것을 알게 되었다. 그리고 프란은 자기가 그동안 피트와 말다툼을 할 때 그의 말을 건성으로 들어왔음도 알게 되었다.

그의 두려움을 알게 되면서부터 프란은 돈을 다루는 자세가 달라지게 되었다. 물론 그렇다고 해서 그녀가 돈을 전혀 쓰지 않게 되었다거나 멋진 휴가에 대한 꿈을 버리게 되었다는 것은 아니다. 그러나 그녀는 눈 앞의 문제를 넘어서서, 피트의 마음 속에서 일어나는 일을 볼 수 있게 되었다.

만일 당신이 상대편에게 주의를 기울이지 않거나 그 사람을 바라보고 있지 않는다면, 아무리 청각 기능이 원활하게 잘 돌아간다고 해도 상대방은 결코 자신의 말이 잘 전달되고 있다고 믿을 수 없을 것이다. 당신의 눈이 여기저기 다른 곳을 둘러본다거나 가끔씩만 상대방을 쳐다본다면 그는 당신이 잘 들어주는지 확신 할 수 없게 된다.」 (척 갈라거, LOve Is A Couple, New York : William H. Sadlier, Inc. p. 22.)

    당신은 결혼을 했어도 오랫동안 지녀왔던 자신만의 듣는 태도와 방식을 여전히 고수하고 있을 것입니다. 당신은 결혼할 때 아마도 배우자의 듣는 태도와 방식이 당신 것에 섞여서, 결국에는 같아질 것이라고 기대하였는지도 모르겠습니다. 하지만 부부간의 서로 들어주는 태도는, 두 사람이 기존에 고수하던 것을 버리고 새롭게 맞추어진 것이어야 합니다.

    척 갈라거(Fr. Chuck Gallagher)는 이러한 사실을 다음과 같이 묘사하고 있습니다.

「남의 말을 잘 들어주는 가운데, 두 사람은 단순히 듣는 사람과 말하는 사람의 차원을 넘어서서 깊은 인격적 관계를 갖게 된다. 만약 내가 참으로 남의 말을 더 잘 들어주는 사람이 되기를 원한다면 나는 상대방을 깊은 인격적 교제에로 불러들여야만 한다. 즉, 나는 상대방에게 나의 장점과 그것을 더욱 계발시키키는 방법은 물론 단점(약점)과 그것을 극복할 수 있는 방법에 대해서도 이야기 할 수 있어야 한다.

또한 내가 상대방을 이해하고 있고 가깝게 여기며 보호해주고 있다는 것을, 그가 느낄 수 있도록 하려면 무엇을 해야 할 것인지를 당사자에게 물어보아야 한다. 그리고 상대방이 인정받고 있다는 느낌을 갖는 데에 내가 지금 방해가 되는 일을 하고 있지는 않는가도 물어보아야 한다.

우리는 들어주는 태도가 사람마다 독특하다는 것을 인정해야 한다. 모든 귀기울이는 행동들은 새롭게 맞추어져서 나온 것이다. 어떠한 부부 관계에 있어서든지 상대방의 말을 들어주는 모습은 부부 각자의 특이한 개성을 보여준다. 그러기에 당신은 배우자의 말을 매우 독특한 방법으로 듣고 있는 것이며, 그것은 배우자에게 매우 의미있는 일이 된다. 따라서 당신이 배우자를 위해서 계발해보려고 애쓰고 있는, 당신만의 독특한 듣는 자세를 굳히는 데는 배우자의 도움이 필요하다. 즉, 그는 당신의 애쓰는 모습을 격려해주고, 당신의 듣는 태도가 어땠는지 알려줄 뿐 아니라 그 자신이 생각하는 경청은 어떤 것인지 말해줄 수 있어야 한다.

그리고 당신은, 당신이 정말 깊이 공감하고자 하는 마음가짐과 열린 귀를 가지고 그의 말을 듣고 있다는 것을 상대방에게 인식 시켜주어야 한다. 오직 그만이 당신의 듣는 태도에 대해 말해줄 수 있다. 그러므로 만약에 당신이 정말 남의 말을 들어주는 자세에 대해서 진지하게 고민하고 있다면, 당신은 듣는 자세를 형성하는 데에 상대방의 도움을 받아야 한다. 그리하면 당신은, 당신에 대해 상대방을 활짝 열려 있을 수 있게 만드는 독특한 습관과 기교가 무엇인지 알게 될 것이다.」(척 갈라거의 앞의 책, p. 44.)

이제 당신은 남의 말에 귀기울이는 것에 관해 좀더 많이 알게 되었습니다. 자, 당신은 어떠한 일부터 할 수 있습니까?

● 배우자가 이야기할 때에 그 사람을 쳐다보십시오.
● 배우자가 말을 할 때에는 그 사람에게만 완전히 집중할 수 있도

록 당신이 하고 있던 일을 잠시 멈추십시오.
- 만약 배우자가 당신의 말을 주의깊게 들어주기를 원한다면 당신이 먼저 그렇게 하십시오.
- 배우자가 말하고 있는 동안에는 무슨 대답을 해줄 것인가에 대해서 미리 생각하지 마십시오.
- 배우자가 그의 일상의 사소한 부분들까지도 이야기할 수 있도록 만들어주십시오.
- 남의 말에 귀기울이는 것에 관한 성경의 가르침을 실제로 해보십시오.

"사람마다 듣기는 속히 하고…"(야고보서 1장 19절)

- 배우자와 대화하면서 가만히 있지 말고 그의 손을 잡아준다거나 어깨에 손을 얹는 식으로 사랑을 표현하십시오.
- 눈을 바라보면서 이야기를 들으십시오.
- 하나님께서 성경을 통해 말씀하실 때 그분께 귀기울이십시오.

7. 자존감

당신은 하나님의 자녀이다

아침 7시 30분에 우리는 그곳에 도착했습니다. 나는 동료와 함께 이슬에 젖은 풀밭을 지나 나무들이 얼거설기 모여 있는 자그마한 숲으로 걸어 들어 갔습니다. 드디어 우리는 그 숲을 벗어나서 호수와 접해 있는 평평한 땅을 지나 모래톱이 있는 곳에 닿았습니다. 거기에서 자리를 잡고 외투를 벗은 후, 우리는 낚싯대에 마무리 손질을 했습니다. 그런 다음 낚시질을 시작했습니다.

물의 흐름에 따라 낚싯대가 이리저리 움직였습니다. 세찬 물살이 찰찰찰 흘러가면서 낚싯대를 끌어가려고 하기도 했습니다. 그러다가 갑자기 무엇이 걸렸는지 낚싯대가 위로 흔들렸습니다. 한참 신경전을 벌인 후, 물 속을 들여다보았더니 선명하게 알록달록한 색깔을 가진 큼직한 송어 한 마리가 물려 있었습니다.

첫판부터 한 마리를 낚아올리고 나니까 기분이 아주 좋았습니다. 그곳을 떠나 다시 우리는 숲과 목초지를 지나고 기복이 심한 물가와 건너기 힘든 물 속을 헤치고 다니면서, 송어를 잡을 수 있는 대로 마음껏 잡았습니다. 낚시 여행을 하며 우리는 웃고 떠들고 서로 도왔습니다. 근육이 쑤셔오더라도 우리는 어디선가 새 힘이 솟아나는 것을 느꼈습니다.

우리가 멋진 낚시 여행을 할 수 있었던 것은 거저 주어진 것이 아니었습니다. 우리는 여행 계획을 세우고 준비하는 데 상당한 시간을 들였습니다.

지난 몇 년 간 우리 부부는 우선 신체적인 면에서 준비를 해왔습니다. 둘 다 식이요법을 해서, 별 이유없이 자꾸만 불어나는 군살을 뺐습니다. 아내는 매일 8km씩 달리기를 했고 나도 같은 거리를 자전거로 달렸습니다.

또한 우리는 음식과 옷가지들을 챙겼으며 날씨 변화에도 세심한 주의를 기울였습니다. 마지막으로 장비가 다 갖추어졌는지 확인하고 카메라에 메모리 카드를 넣었습니다.

여행지에서 길을 갈 때도 두 사람 모두가 걷기에 편한 속도로 보조를 맞추어 걸었습니다. 이렇게 했기에 우리는 주변의 아름다운 경치를 충분히 감상하면서도 목적지까지 빨리 도착할 수 있었습니다.

결혼도 이와 마찬가지입니다. 역시 조심스러운 계획과 준비가 필요한 것이지요. 그리고 결혼이라는 여행을 언제든지 떠날 수 있도록 모든 준비를 갖춘 사람이 아울러 필요합니다.

나는 **결혼을 아주 멋지고 성공적인 경험으로 만들기 위해서는** 우선적으로 갖추어야 할 두가지요건이 있다고 믿습니다.

첫째로, 전반적인 면에 걸쳐서 새로운 삶을 시작할 수 있는 준비와 자신의 가치를 높이는 작업이 선행되어야 합니다.

다행히도 많은 사람들이 과거보다는 이러한 준비에 힘을 기울이고 있는 것을 보게 됩니다.

둘째로, 긍정적이고 건전한 자아상을 확립해야 합니다.

결혼에서는 긍정적으로 자신을 받아들이는 것이 무어보다도 중요합니다. 나는 결혼 상담을 통해 많은 부부들을 만나면서, 가장 심각하

고도 근본적인 문제는 바로 부부 중 어느 한 사람, 혹은 두 사람 모두가 자기 자신이 부적절하고 부족하다고 느끼며 그것과 힘겹게 싸우고 있다는 데 있음을 거듭 확인하게 되었습니다.

만약에 당신이 스스로를 그리고 자신이 가지고 있는 능력을 가치없게 생각한다면, 당신은 지나치게 예민해지거나 신경이 곤두서게 됩니다. 그리고 배우자가 도움을 주려는 의도로 해주는 조언까지도 비난이나 억압으로 받아들이고, 그것을 참기가 어려워서 방어적으로 변해가게 됩니다. 이러다보니 자신을 보호하기 위해 정직해지기가 어렵게 되고, 상대방의 말과 행동을 곡해(曲解)하는 지경에 이르게 됩니다. 물론 상대방도 그러한 당신에게 가까이 다가갈 수 없게 되는 것이지요.

건전한 자아상은 결혼을 비롯하여, 살아가면서 부딪치게 되는 어떠한 위기 상황에서도 당신을 흔들리지 않게 붙들어주는 닻과도 같습니다. 만일 그러한 닻이 없다면, 당신은 바람이 불 때마다 여기저기 날려다니면서 점점 더 갈팡질팡하게 됩니다.

어떤 사람들은 자아상을 좀더 나은 방향으로 세워보려는 목적에서 결혼을 합니다. 그런 사람들은 결혼 자체를 자기에게 행복과 자신감을 갖게 해주는 수단 정도로 생각합니다. 이런 자세는 결혼 생활에 무서운 긴장감을 불러일으킵니다. 왜냐하면 이렇게 결혼 생활을 하는 사람들은, 주는 것보다는 받는 데 더 많은 신경을 씀으로써 부부 관계를 점점 메마르게 하기 때문입니다.

- 당신은 스스로를 어떻게 느끼고 있습니까?
- 배우자는 스스로를 어떻게 느끼고 있습니까?
- 당신은 스스로를 가치있고 소중한 사람이라고 여깁니까?
- 당신이 건전한 자아상을 가지고 있다면 그것은 어디에 바탕을 둔 것입니까?
- 당신은 자기가 이루어낸 일을 가지고 스스로를 받아들이거나 거부하거나 하십니까?
- 스스로를 긍정적으로 느끼게 된 것이 결혼 생활을 통해서 입니까?
- 당신의 자아상은 당신에 대한 배우자의 생각과 느낌에 기반을 둔 것입니까?
- 당신 자신에 대한 태도가 결혼 생활이 향상되는 데 보탬을 주고 있습니까?

자아상을 이루고 있는 세세한 요소들은, 우선 배우자 선택에서부

터 시작하여 결혼 생활에서 당신이 배우자를 대하는 방식에까지 영향을 끼치게 됩니다.

자아상을 이루고 있는 많은 요소들 가운데 주된 세 가지는 소속감, 자신이 가치있다는 느낌, 그리고 능력에 대한 자신감입니다.

소속감은, 상대방이 자신을 원하고 돌보아주며 자신과 함께 있는 것을 즐긴다는 것을 알 때 생겨납니다.

다음 질문들을 스스로에게 던져보십시오.

- 누가 당신을 필요로 하고 있습니까?
- 누가 당신을 있는 그대로 받아들이고 있습니까?
- 그것을 어떻게 알 수 있습니까?
- 다른 사람이 당신으로 인해 즐거워합니까?
- 당신은 스스로의 상태를 즐거워합니까?
- 그것을 어떻게 알 수 있습니까?

많은 사람들이 누군가에게 속하기 위해서 결혼을 합니다. 우리는 모두 소속에 대한 욕구를 가지고 있습니다.

자신이 가치있다는 느낌은, "나는 좋은 사람이다", "나는 중요한 사람이다" 또는 "내가 옳다"라는 생각이 들 때 생겨납니다.

사람들은 그들 생각에 마땅히 해야 될 일을 하였을 때, 자신이 가치있다고 느낍니다. 그리고 다른 사람들이 우리를 긍정적으로 보아줄 때 이러한 가치감은 더욱 확실해지게 됩니다. 우리는 자신의 행동에 대해 다른 사람들이 고개를 끄덕여주기를 바랍니다. 가치감은 나 자신이나 다른 사람들이 보기에 옳다고 느끼는 것과 관계됩니다.

소속감과 가치감은 서로 비슷한 데가 있습니다. 대게 사람들은 다른 사람에 의해 받아들여질 때 비로소 자신에 대해 가치를 느낍니다.

아내는 남편이 그녀의 인격과 활동을 인정해주는 말을 할 때 그것을 깊이 받아들이고 고마워합니다. 그리고 남편도 이와 마찬가지입니다.

- 언제 당신이 가장 가치있다고 느낍니까?
- 당신은 어떠한 것에서 가치를 느껴야 한다고 생각합니까?
- 당신 외에 누가 당신을 가치있게 봅니까?

자신감은 자기가 어떤 일을 할 수 있는 능력을 가졌다고 느낄 때 생겨납니다.

즉, "나는 할 수 있어. 내겐 그것을 해낼 수 있는 힘이 있으니까"라고 생각하는 것이지요. 자신감은 과거로부터 현재까지 자신이 설정했던 목표나 이상이 이루어졌을 때 생겨납니다.

- 자신감은 어디에서부터 시작될까요?
- 당신은 어떻게 건전하고 안정적인 자아상을 만들어가고 있습니까?

건전한 자아상을 만들어가는 과정에서 맨 처음 해야 할 일은 예수 그리스도와의 인격적인 교제를 추구하는 것입니다. 이것은 당신에게 있는 하나님의 형상을 분명하게 볼 수 있도록 해줍니다. 당신 속에 있는 하나님의 형상을 완전하게 깨닫는 것은, 자신을 이해하고 자신의 진정한 정체성을 발견하는 데 결정적인 역할을 합니다.

프란시스 쉐퍼(Francis Schaeffer)는 자기 정체성에 대해 이렇게 말합니다.

「이 시대를 사는 인간에게는 "하나님의 형상"이라는 말이 너무도 중요하다. 왜냐하면 오늘날의 인간은 '나는 누구인가?'

라는 중대한 질문을 더 이상 하고 있지 않기 때문이다. '닫혀진 체계 안에서 원인과 결과는 같다' 혹은 '미세한 원자로부터 기계적이며 돌발적인 우연의 연속으로 인간이 나타나게 되었다'(진화론적 개념)와 같은 인간 스스로가 만들어낸 자연주의적 이론 속에서 인간은 그의 고유한 정체성을 상실해 버렸다. 이와는 반대로 나는 분명함 역사의 흐름 속에 서 있다. 나는 나의 출생의 근원을 안다. 나의 가문은 영국 여왕의 가문보다 더 오래되었다. 나의 가문은 헤이스팅즈 전쟁에서부터 시작된 것도 아니고 어느 명문 가문에 속한 것도 아니다. 나 스스로 현대라는 4차원 세계 속에서 나를 보았을 때, 나는 하나님께서 그분의 형상대로 지으신 아담에게서 나의 근원을 찾게 된다.」(프란시스 쉐퍼, Genesis in Space and Time, Downers Grove, Illinois : InterVarsity Press, pp. 46, 51, 52.)

창세기는 우리 인간의 가치와 존엄성이라는 가장 기본적인 진리를 확증해주고 있습니다. 대부분의 사람들은 자신의 정체성을 확립하기 위하여 주변 사람들과 불확실한 미래를 바라봅니다. 그러나 믿는 사람들은 하나님을 바라볼 수 있습니다.

한 사람이 그리스도인이 될 때, 그는 자신이 대단한 사람임을 알게 됩니다. 그렇습니다. 우리는 하나님에게 너무도 중요한 사람들입니다. 이것을 아는 것은 굉장히 중요합니다. 그것은 인간 관계면에서 변화를 일으킵니다.

우리는 사랑을 받았으므로 다른 사람을 사랑할 수 있게 됩니다. 우리는 무조건적인 사랑을 받았기 때문에 그렇게 할 수 있습니다. 우리는 비록 불완전하지만 무조건적으로 받아들여졌습니다. 우리는 정죄 받지 않습니다. 당신이 스스로를 정죄하더라도 하나님께서는 당신을 그렇게 바라보시지 않습니다.

바울도 이렇게 말했습니다.

"너희에게나 다른 사람에게나 판단 받는 것이 내게는 매우 작은 일이라 나도 나를 판단하지 아니하노니 내가 자책할 아무 것도 깨닫지 못하나 이로 말미암아 의롭다 함을 얻지 못하노라 다만 나를 심판하실 이는 주시니라 그러므로 때가 이르기 전 곧 주께서 오시기까지 아무 것도 판단하지 말라 그가 어둠에 감추인 것들을 드러내고 마음의 뜻을 나타내시리니 그 때에 각 사람에게 하나님으로부터 칭찬이 있으리라"(고린도전서 4:3~5)

여기에서 맨 마지막에 나온 단어가 무엇입니까? 바로 칭찬입니다.

우리는 정죄가 아닌 칭찬을 받습니다. 우리가 스스로를 자책하더라도 하나님께서는 우리를 칭찬하시고자 합니다. 성경은 우리의 상상을 초월하는 완벽한 용납에 대해 말씀하고 있습니다.

"그러므로 우리가 믿음으로 의롭다 하심을 받았으니 우리 주 예수 그리스도로 말미암아 하나님과 화평을 누리자"(로마서 5:1)

"그러므로 이제 그리스도 예수 안에 있는 자에게는 결코 정죄함이 없나니"(로마서 8:1)

로마서 8장 16,17절에서도 예수 그리스도를 아는 사람들은 예수님과 함께 하늘 나라의 상속자가 된다고 말씀하고 있습니다. 우리도 역시 하나님의 완전한 아들입니다. 우리는 이미 그렇게 인정받았으며, 하나님께서 받으시기에 합당한 자들이라는 것을 기억하십시오.

톰 스키너(Tom Skinner)는 그의 저서『암흑과 자유』(Black and Free)에서 이 점을 지적하고 있습니다.

「그리스도는 나에게 참된 존엄성을 주셨다. 나는 하나님의

아들이다. 하나님의 아들로서 나는 그에 합당한 모든 권리와 특권을 가지고 있다. 나는 하나님 나라의 왕족으로서의 존귀함을 갖는다.」

그렇다면 어떻게 우리의 소속감, 가치감, 자신감에 대한 욕구가 충족되어서, 배우자를 비롯한 다른 사람들에게 자유로이 베푸는 사람이 될 수 있을까요?

자, 이제 하나님께서 우리를 위해 하신 일로 되돌아가서 이 문제에 적용시켜 봅시다.

우선 우리는 하나님께 속해 있습니다.

"이는 그가 사랑하시는 자 안에서 우리에게 거저 주시는 바 그의 은혜의 영광을 찬송하게 하려는 것이라"(에베소서 1:6)

그분은 우리의 소속감에 대한 욕구를 금방 채워주십니다. 만약 그리스도께서 당신의 삶 가운데 계신다면, 당신은 하나님께 속한 것입니다.

당신에게는 은사가 있습니다(로마서 12:6).

당신은 그리스도라는 우주적인 몸의 한 지체입니다(고린도전서 12:13).

당신은 그리스도의 것입니다(고린도전서 3:23).

당신은 사랑을 받았습니다(로마서 8:37~39).

당신은 받아들여졌습니다(로마서 15:7).

당신이 어떻게 하나님께 속하게 되었는가를 깨닫게 되면, 당신은 배우자에게 손을 내밀어 그의 욕구를 충족시켜줄 것입니다. 당신이 근본적으로 돌아가야만 할 대상으로서 하나님을 의지할 때, 당신의 인간 관계는 풍요로워지고 순조롭습니다. 당신은 다른 사람의 말에 진지하게 귀 기울일 수 있게 되며 사랑 안에서 자유롭게 응답할 수 있습니다. 그리고 배우자의 조언과 평가를 있는 그대로 받아들이게 됩니다.

자신이 가치있는 사람이 되고자 하는 욕구도 마찬가지로 채워져야만 합니다. 만일 건전한 방법으로 이 욕구가 해소되지 못한다면 당신은 배우자를 비롯한 다른 사람들의 관심을 끌고 박수 갈채를 받기 위하여, 하고 있는 일에 박차를 가할 것입니다. 당신은 다른 사람을 기쁘게 해주려고 너무도 열심히 일한 나머지 늘 일만 하는 사람이 되어 버립니다. 일벌레 성향이 서서히 나타나게 되면 당신은 스스로에게 비현실적인 기대를 걸고 그것을 키워가게 될지도 모릅니다.

　남자들은 대개 자신의 업적을 통해 자아상을 만들어가기가 쉽습니다. 여자들은 완벽한 엄마나 완벽한 주부가 되려고 분투합니다. 그러나 이 세상에 완벽한 사람이 어디에 있습니까? 자꾸만 완벽해지려고 애쓰면 애쓸수록, 당신은 실패를 거듭하고 결국 스스로를 무가치하고 받아들일 수 없는 인간으로 느끼게 될 것입니다.
　당신은 다른 사람들에게 호감이 가는 인상을 주기 위해서 미친듯이 일을 할 수도 있습니다. 그러다가 다른 사람들의 반응이 시큰둥하고 당신이 원하던 만큼 사람들이 인정해주지 않게 되면 당신은 좌절감을 느끼고 노력을 가중(加重)시키던가 아니면 아예 포기해버릴 것입니다.

　잠시 당신의 자존심에 대해 생각해보십시오. 그것은 당신의 업적, 당신의 지위에 근거를 둔 것입니까?
　만약 다음과 같은 일들이 일어난다면, 당신은 스스로에 대해 어떻게 느끼게 될까요?

- 앞으로 6개월 동안 일을 할 수 없게 된다면?
- 당신이 한 일 가운데 단지 50 퍼센트만 효과를 거두게 된다면?
- 당신이 책임을 지고 하던 일을 다른 사람이 맡게 되어 그것을 지켜보게 된다면?
- 당신이 한 일이 긍정적으로 평가받지 못한다면?

아마도 당신은 당신의 자존심이 스스로 해낸 일 자체에 매여 있는 지조차도 잘 깨닫지 못하고 있었을 것입니다.

몇 년 전에 개인적으로 경험하게 된 일을 통해 나는 위와 같은 문제에 관심을 갖게 되었습니다.

어느 해 봄 우리 부부는 심각한 정신박약아인 아들 매튜를 장애자를 위한 사설 기독교 기관에 맡겼습니다. 이 문제를 놓고 우리는 기도하고 결정내리는데 2년 간을 고심하였습니다. 우리는 매튜를 맡기게 되면 그 아이가 원하는 것을 채워주는 면에서나 앞으로의 성장을 위해서, 또 가정 생활의 편의를 위해서 모두 최적격일 것임을 믿었습니다.

그리고 몇 가지 뚜렷한 변화가 일어날 것을 예상했습니다. 조이스는 좀더 많은 시간과 자유를 누리면서, 매튜를 돌보느라 지난 11년간 하지 못했던 많은 활동들을 하며 이곳저곳을 돌아다닐 것입니다. 이것은 결과적으로 집안일이 줄어들 것을 의미하는것 입니다. 즉, 매튜가 집에 없기 때문에 음식 준비와 설거지, 세탁 등에 손이 덜 필요하게 되는 것이었지요.

그때 내 마음 속에 끊임없이 떠오르던 주된 의문점들 중의 하나는 "조이스의 자아상은 온통 매튜를 돌보아주던 일들로 가득 차 있는 것이 아닐까?" 하는 것이었습니다. 그녀는 정말 최선을 다해 정성껏 매튜를 돌보아 주었습니다. 11년간 그녀는 약을 먹여주는 것을 비롯한 매튜의 갖가지 필요를 채워주는 일들을 도맡아서 해냈습니다.

그런데 이제 그 일들이 없어졌으니 그녀는 자신에 대해 어떻게 생각하게 되었을까요? 많은 일들로부터 한숨 돌리게 되어 자유로운 시간이 많아진 것은 이점(利點)이었지만, 아무래도 조이스가 공허감을 느낄 것 같았습니다. 실제로 많은 사람들이, 이와 같이 누군가가 자신을 의지하는 데에서 스스로 가치감을 느끼고 있기 때문입니다.

그래서 어느 날 샌디에고(San Diego)의 롱비치(Long Beach)로 돌아오는 길에, 나는 조이스에게 궁금했던 것들을 묻고 이야기를 나누었습니다. 다행히도 그녀의 자아상은 매튜를 돌보아주던 것에 매여 있지 않았고, 앞으로 우리 가족 모두를 위한 새로운 기회에 대한 기대로 가득 차 있었습니다. 그녀는 다른 방법을 통해 자신을 받아들이고자 하는 욕구를 채워왔고 또 지금도 그러고 있습니다.

당신은 어떻게 가치있고 능력있는 사람이 되고자 하는 욕구를 적절히 충족시키십니까?

가치있고 능력있다고 느끼기 위해서 지금 당신이 해야 할 필요가 있는 일은 무엇입니까?

이 질문의 대답이 될 수 있는 것은 몸의 힘을 빼고 느긋해지라는 것입니다. 그리고 당신의 힘과 능력, 약점을 발견하고, 더 이상 인정받으려고 바둥대지 마십시오. 하나님께서는 당신의 자존감에 대한 욕구를 채워주시겠다고 약속하셨습니다. 그분은 당신을 높이실 것입니다.

주 앞에서 낮추라 그리하면 주께서 너희를 높이시리라(야고보서 4:10)

그러므로 하나님의 능하신 손 아래에서 겸손하라 때가 되면 너희를 높이시리라(베드로전서 5:6)

로이드 알렘 박사(Dr. Lloyd Ahlem)는 『진정 내가 되어야 하는가?』(Do I Have To Be Me?)에서 하나님께서 우리를 위해 하신 일과 그것

이 우리의 자존감에 무슨 의미가 있는가를 압축하여 분명하게 설명하고 있습니다.

「성경 기자(記者)는, 하나님께서 당신을 예수 그리스도 안에서 자신의 친아들로 여기신다는 사실을 조심스럽게 지적하고 있다. 그리스도가 행하신 일로 말미암아 인간의 모든 추악한 것들이 물러갔다. 하나님께서는 인간에 대해 전혀 정죄하는 태도를 갖고 계시지 않으신다. 당신이 이 세상에 남아 있는 단 한 명의 사람이라고 해도, 하나님께서 당신에게 자신을 알리시고 당신을 사랑하시기 위해 노력하실 만한 가치를 갖고 있으시다. 그분은 당신에게 이 우주의 상속자가 될 지위와 자격을 아낌없이 주신다.

이것은 아가페적 사랑이다. 즉, 아무런 공로도 없는 인간을 위해 베푸시는 무조건적인 사랑인 것이다. 우리는 이러한 한없는 사랑을 통해 적합한 자격을 얻게 된 것이다. 우리는 사실 그런 자격을 받기에는 부족하고 적합하지가 못하다. 다만 '인정하신다'고 하나님께서 말씀하셨을 뿐이다. 우리는 이 사실을 믿음으로써 하나님께서 부여하시는 자격을 얻게 되며 새로워진 자신의 모습을 통해 다른 이들을 더욱 사랑하는 사람이 되어간다.」(로이드 알렘, Grendale, California : Regal Books, p. 71.)

이 사랑의 선물은 모든 사람에게 주어져 있습니다. 당신이 해야 할 일은 그것을 받아들이는 것이지요. 만일 받아들이기로 정하셨다면, 당신은 이제 믿음의 삶을 시작하신 것입니다. 그리고 당신은 하나님께서 하신 일을 믿는 믿음 위에 자아상을 만들어가면서, 당신이 가진 부정적인 태도와 감정에 의문을 제기할 것입니다. 인간은 느낌으로는 살 수 없습니다. 믿음으로 사는 것이지요.

하지만 불행하게도 많은 사람들이 하나님의 사랑을 거부할 뿐만 아니라 서로의 사랑을 받아들이지 못하고 있습니다.

알렘 박사는 계속하여 이렇게 말하고 있습니다.

「하나님께서 우리에게 선물을 기꺼이 주시고자 해도, 우리는 자꾸만 물물교환을 고집한다. 그분은 우리에게 용서와 지위, 자격, 그리고 삶 속에서의 방침을 주신다. 이것에 대해 감사와 사랑으로 응답하는 대신에 우리는 그 선물을 애써서 얻어 보려고 하거나 다른 무엇과 바꾸려고 한다.

우리는 너무 양심적이라고 생각하기 때문에 그 누구도 우리의 그러한 결백한 태도를 감당해낼 수가 없게 된다. 우리는 하나님께서 거저 주시는 선물을 사양한다. 그러면서 우리는 그 선물을 받을 만한 가치가 없다고 하나님께 말씀드린다. 우리는 도덕적으로 너무도 완전 무결하기 때문에 어떠한 형편없는 사람도 우리 몸에 손을 댈 수가 없다는 식의 사고 방식으로 우리는 하나님의 선물을 기꺼이 받지 못하고 있는 것이다. 우리는, 우리가 빚진 것을 갚지 못해 쩔쩔매고 있거나 물물교환식의 생각을 고집하고 있을 때에, 예수님께서 우리를 자상한 손길로 돌보아주시는 유일한 분이심을 너무도 빨리 잊어버리는 경향이 있다. 예수님께서는 자기 자신을 우리에게 내어주셨다. 우리들이 하나님께서 주시는 선물을 자유롭게 받도록 하려고 말이다.

이제 당신은 하나님의 선물을 받기에 합당한 사람이다. 당신은 죄에서부터 해방되었다! 하나님의 사랑을 받아들이라. 그렇게 할 때, 당신은 하나님의 사랑을 의심하던 것에서 벗어날 수 있을 것이다. 하나님께서는 그분의 영, 즉 성령을 당신에게 주실 것이며, 당신은 깜짝 놀랄 만큼 순전한 기쁨을 누리게 될 것이다.

어떤 사람이 하나님의 선물을 받을 수 있다고 인정하게 될 때, 그는 어떠한 일을 성취하는 데 있어서의 새로운 기준을 즉시 깨닫게 된다. 즉, 더 이상 인간의 행위 기준을 따르지 않고 "믿음"이라는 자를 가지고 모든 것을 판단하게 된다. 이것은 공명정대한 기준이다. 왜냐하면 이것은 모든 사람을 격려하며 아무도 실망시키지 않기 때문이다. 그리고 무엇보다도 이 기준은 하나님의 뜻에 의해 운영되어지고 있기 때문이다.」(알렘의 앞의 책, p. 73.)

당신의 자아상은 당신의 결혼과 매우 밀접한 관계를 맺고 있습니다. 에베소서 5장 21-33절 말씀을 보면, 사도 바울은 자기 자신에 대한 사랑에 관해서 세 번씩 언급하고 있습니다.

"이와 같이 남편들도 자기 아내 사랑하기를 자기 자신과 같이 할지니 자기 아내를 사랑하는 자는 자기를 사랑하는 것이라"(에베소서 5:28)

"누구든지 언제나 자기 육체를 미워하지 않고 오직 양육하여 보호하기를 …"(에베소서 5:29)

"너희도 각각 자기의 아내 사랑하기를 자신 같이 하고 아내도 자기 남편을 존경하라"(에베소서 5:33)

기억하십시오. 당신에게는 스스로의 자신이 될 수 있는, 그리고 당신 자신을 사랑하고 용납하며, 당신의 독특함을 발견하고 발전시켜 나갈 수 있는 자유가 주어져 있습니다. 왜일까요?

1. 당신은 가치가 있기 때문입니다.

"주께서 내 내장을 지으시며 나의 모태에서 나를 만드셨나이다 내가 주께 감사하옴은 나를 지으심이 심히 기묘하심이라 주께서 하시는 일이 기이함을 내 영혼이 잘 아나이다 내가 은밀한 데서 지음을 받고 땅의 깊은 곳에서 기이하게 지음을 받은 때에 나의 형체가 주의 앞에 숨겨지지 못하였나이다 내 형질이 이루어지기 전에 주의 눈이 보셨으며 나를 위하여 정한 날이 하루도 되기 전에 주의 책에 다 기록이 되었나이다 하나님이여 주의 생각이 내게 어찌 그리 보배로우신지요 그 수가 어찌 그리 많은지요 내가 세려고 할지라도 그 수가 모래보다 많도소이다 내가 깰 때에도 여전히 주와 함께 있나이다"(시편 139:13~18)

2. 당신은 능력이 있기 때문입니다.

"은사는 여러 가지나 성령은 같고 직분은 여러 가지나 주는 같으며 또 사역은 여러 가지나 모든 것을 모든 사람 가운데서 이루시는 하나님은 같으니 각 사람에게 성령을 나타내심은 유익하게 하려 하심이라"(고린도전서 12:4~7)

3. 당신은 안전하기 때문입니다.

"내가 확신하노니 사망이나 생명이나 천사들이나 권세자들이나 현재 일이나 장래 일이나 능력이나 높음이나 깊음이나 다른 어떤 피조물이라도 우리를 우리 주 그리스도 예수 안에 있는 하나님의 사랑에서 끊을 수 없으리라"(로마서 8:38~39)

4. 당신은 사랑을 받고 있기 때문입니다.

"하나님이 세상을 이처럼 사랑하사 독생자를 주셨으니 이는 그를 믿는 자마다 멸망하지 않고 영생을 얻게 하려 하심이라"(요한복음 3:16)

8. 은혜

상대방을 받아들임

"은혜"라는 말은 그리스도인의 삶과 결혼에서 너무도 중요한 개념입니다. 그것은 "값없이 주어지는 사랑"으로, 또한 로마서 3장 24절에 따르자면 "하나님의 선물"로 정의될 수 있습니다.

"그리스도 예수 안에 있는 구속(救贖)으로 말미암아 하나님의 은혜로 값없이 의롭다 하심을 얻은 자 되었느니라."

이 말에 대한 다른 정의는 "받을 자격이 없는 사람에게 주어지는 특권"이라고 할 수 있습니다. 하나님께서는 "자, 여기 있다. 네가 이것을 받을 자격이 있든지 없든지 간에"라고 말씀하십니다.

에베소서 2장 8절을 보면, 우리는 하나님의 은혜를 인하여 죄의 심판으로부터 구원을 얻게 되었다고 씌어 있습니다.

조셉 쿠크(Joseph Cooke)는 『거저 얻음』(Free for the Taking)에서 은혜에 대해 이렇게 말합니다.

「하나님께서, 내가 비록 죄인이고 실패를 거듭하며 그분의 은혜를 받기에 합당치 않은 보잘것없는 존재임에도 불구하고, 결코 거두어가시지 않는 그분의 사랑으로 나를 사랑하시는 그런 하나님이라는 사실은 기독교의 메시지가 주는 경이로움이다.

나는 어느 무시무시한 낯선 세계에 홀로 떨어진 이방인이 아니다.

나는 이 광대한 우주 공간을 헤매이고 있는 보잘것없는 작은 생명체 위로 기어다니는 희귀한 병원균 따위도 아니다.

나는 비인간적인 구두발에 짓밟혀 부스러지기만을 기다리는 이름 모를 벌레도 아니다.

나는 성난 신(神)의 이글거리는 눈동자를 피해 숨어서 웅크리고 있는 가엾은 범죄자도 아니다.

나는 바로 하나님의 사랑을 받고 있는 사람이다. 나는 이 우주의 가장 중심부인 하나님과 접촉하게 되었고 그분의 이름이 "사랑"이라는 것을 알게 되었다. 그 사랑이 나에게까지 오게 되었다. 그것은 내가 그분의 사랑을 받을 자격이 있기 때문도 아니고 내가 자랑할 만한 어떤 것을 소유하고 있기 때문도 아니다. 그것은 바로 그분의 사랑 그 자체이시며, 그분의 이름으로 그리스도께서 나를 위해 하신 일이 있었기 때문에 가능했다. 그리고 그리스도께서 하나님으로부터 오셔서, 가르침과 생애와 죽음, 그리고 그분의 인성(人性)을 통해서 하나님이 은혜를 베푸시는 분이라는 것을 계시하셨기 때문에, 나는 하나님과 내 자신에 대한 이러한 진리를 믿게 되었다. 그분은 온통 은혜로 충만하시다.」 (조셉 R. 쿠크, Old Tappan, New Jersey : Fleming H. Revell, p. 29.)

하나님은 더 이상 우리의 죄를 가지고 꾸짖지 않으십니다. 예수님께서 대신 우리의 죄과(罪過)를 자신의 것인 양 짊어지셨기 때문입니다. 이러한 것을 생각할 때, 우리는 하나님께서 우리 한 사람 한 사람에게 너무도 자비로우시다고 고백할 수 있게 됩니다.

『자비롭다』는 말은 "받아들이다, 친절하다, 만족을 주다, 관대하다" 등의 뜻을 가지고 있습니다. 그리스도인으로서 살 때 가질 수 있는 특권 중의 하나는 하나님께서 어떻게 우리를 자비롭게 대하시는가를 깨달을 수 있다는 것입니다. 그리고 그러한 그분의 태도를, 남편과 아내가 서로를 대하는 방법에 대한 하나의 모델로서 사용할 수도 있습니다.

「은혜는 아주 간단히 말해서 값없이 주어지는 사랑이라 할 수 있다. 즉, 받을 만한 정당한 자격이 있는가 없는가와는 상관없이 친절을 베푸는 것이다.

자신이 나누어준 재산을 술과 여자와 노름에 다 바쳐버리고 돌아오는 방탕한 아들을 기쁨으로 맞아들이는 아버지의 모습에서, 간음한 여인을 용서하시며 미움받는 세리에게 "삭개오야 속히 내려오라 내가 오늘 네 집에 유하여야 하겠다"(누가복음 19장 5절)라고 말씀하시는 예수님의 모습에서, 자신을 돌로 치는 무리들을 위해 "주여 이 죄를 저들에게 돌리시 마옵소서"라고 기도하는 스데반의 모습에서, 아파서 칭얼대는 아기를 참을성있게 돌보아주는 어머니의 모습에서, 까다로운 손님과 함께 물건을 고르느라 땀을 뻘뻘 흘리는 점원의 모습에서, 둔하고 답답한 학생을 끝까지 가르쳐주는 이해심 많은 선생님의 모습에서 우리는 바로 은혜가 무엇인지를 알 수 있게 된다.

그것은, 하나님으로 하여금 우리의 죄를 따라 처치하지 아니하시며 우리의 죄악을 따라 갚지 아니하시도록 만드는 하나님의 성품인 것이다(시편 103:10).

사실 호감이 가지 않는 사람이나 병든 사람, 사랑받을 자격이 없는 사람, 그리고 비천한 사람들에게라도 마땅히 사랑을 베풀 때 그것을 "은혜"라고 부를 수가 있는 것이다. 은혜는 받을 만한 가치나 장점이 있는가에 상관없이 상대방의 필요를 채워준다. 은혜란 거저 주어지는 사랑이다.

은혜는 사랑과도 비교될 수 있다. 물론 사랑은 좀더 광범위한 말이다. 왜냐하면 은혜라는 말을 들먹일 필요가 전혀 없는 사랑도 있기 때문이다.

당신은 아마, 남편과 아내 모두가 서로에게 이상적(理想的)이어서 늘 행복한 어느 부부의 모습을 머리 속에 그려본 적이 있을 것이다. 남편은 늘 아내의 느낌을 존중해주고 그녀의 개성을 소중하게 여기며, 결코 퉁명스럽거나 거만하게 굴지 않는다. 그리고 절대로 아내를 노예나 열등한 존재로 취급하지 않고 그들의 결혼 기념일을 잊지 않는다. 집안일을 돕고 진실된 마음으로 변함없이 아내의 행복에 신경써주는, 그야말로 모범 남편이다.

아내도 남편이 자신을 존중해주므로 자기도 그런 태도로 보답하고, 그가 필요로 하는 것을 미리 알아서 챙겨주며 남편을 위해 안락한 가정을 꾸며간다. 그리고 절대로 남편에게 바가지를 긁거나 기를 죽이는 말과 행동을 하지 않는다. 언제나 기꺼이 남편을 위해 시간과 정성을 바친다. 두 사람 사이에는 늘 사랑이 존재한다. 그들의 사랑은 진실되며 너무도 확실하다. 그들의 사랑은 서로가 별 노력을 기울이지 않는 가운데에도 자연스럽게 넘쳐나와서 그들의 삶을 아름답고 활기차게 만들어준다.

하지만 은혜는 어디에 있는가? 은혜가 들어설 자리는 도무지 없게 된다. 남편과 아내가 모두 너무도 완벽하게 사랑스럽다면 서로를 사랑하지 않고는 못 배기게 된다.

그러나 만약 둘 중의 하나가 무시무시한 병에 걸리게 되어, 자신도 억제할 수 없는 우울증과 신경질 증세에 시달리며 자기를 제대로 돌보지 못하여, 몸도 마음도 말이 아니라고 가정해보자. 만일 배우자가 그렇게 되더라도 변함없이 그를 생각해주고 따뜻하게 돌보아주는 사랑을 베푼다면, 그것이 바로 은혜라 할 수 있다. 상대방이 사랑스러울 때의 사랑이 단순히 겉모습에 의지했던 것이 아닌 진정한 사랑이었다면, 그 사람이 더 이상 사랑스럽지 않게 된다.

진정한 사랑은 어떠한 경우를 당해도 늘 상대방을 받아주며 친절하게 대한다. 이것을 빼놓고는 사랑을 설명할 다른 방법이 없다. 사랑은 받을 자격이 없는 사람들에게 베풀어질 때 더욱 아름답게 빛나며 은혜를 드러나게 한다.

은혜의 의미를 달리 설명하자면, 그것은 율법주의에 정반대가 되는 것이라고 할 수 있다. 율법주의는 이런 것이다. 당신의 가치만큼 얻는 것이 있다. 당신이 뭔가를 하고 규율을 지켜야만 잘했다는 소리를 듣는다. 어떤 경우에도 사랑과 친절은 저절로 얻어지지 않고 애써서 획득해야만 한다.

하지만 은혜는 그렇지가 않다. 당신이 가치가 없어도 주어지는 것이다. 은혜는 무조건적으로 사랑과 친절을 퍼부어준다. 당신이 애써서 획득할 필요가 없다. 애써서 얻은 사랑인가 거저 얻은 사랑인가, 그것이 율법주의와 은혜의 차이이다.」(쿡의 앞의 책, pp. 23-25)

그렇다면 실제로 은혜가 충만한 결혼생활은 어떤 것일까요? 매일매일의 삶 가운데서 어떻게 은혜가 나타날 수 있을까요? 세 가지로 생각해 보겠습니다.

첫째로, '되게 해주는 사람'이 되는 것입니다.

'되게 해주는 사람'(becomer)은 상대방에게 가능성이 있는 것은 무엇이나 될 수 있도록 도와줍니다. 『되게 한다』는 말은 "무엇인가를 할 수 있도록 힘을 주어서 그 일을 가능하게 한다"는 것입니다.

너무도 자주 사람들은, 결혼이란 것이 그들이 되고자 하는 것이 되는 자유를 빼앗고 자신을 숨막히게 내리누른다고 느끼고 있습니다. 그것은 그들의 배우자 되는 사람들이 그 사람을 뜯어고치려고 들기 때문입니다. 뜯어고치려고 드는 사람은 배우자를 자신의 기준에다 갖다 맞추려고 하며, 심지어는 자기 자신의 복제품(複製品)으로까지 만들려고 합니다. 배우자가 자신과 다르다는 이유로 불안에 시달리고 있는 사람은, 배우자의 행동과 신념, 태도가 자신의 것과 똑같기를 원하며, 실제로 있거나 아니면 실제와 다르게 그럴 것이라고 믿는, 배우자와 자신의 차이점으로 인해 위협감마저 느낍니다.

조셉 쿠크는 상대방을 개조(改造)하려고 들게 되는 과정에 대해 다음과 같이 설명하고 있습니다.

「어떤 사람들은 배우자를 몇 가지 면에서 개조 혹은 개선시키고 싶은, 거의 억제할 수 없는 강한 충동을 느끼며 사는 것처럼 보인다. 아내는 남편이 사회에서 좀더 인정받고 집안 일에도 책임을 져주기를 바란다. 남편은 아내가 밖을 덜 쏘다니는, 좀더 나은 가정주부가 되어주기를 바란다. 이것이 시작이다. 그리하여 때로는 지극히 사소한 습관까지도 고치기를 바라게 된다. 옷입는 방식에서 걸음걸이, 치약 튜브를 짜는 방식에 이르기까지 말이다.

물론 나는 우리의 배우자가 모두 완벽하다고 말하고 있는 것은 아니다. 우리는 모두, 참으로 여러 가지 면에서 변화되고 성장해야 될 필요가 있는 사람들이다. 그런데 아내나 남편 중 어느 한 사람이 스스로 독재자가 되어 자신의 눈에 거슬리는 점이 고쳐지는가를 감시하면서, '당신은 변해야겠어. 당신이 빨리 저것을 해낼 대까지는 절대로 나는 당신을 있는 그대로 받아들일 수 없소'라고 실제로 말을 하게 될 때 문제가 생기게 되는 것이다. 그 결과 은혜는 자취를 감추게 되고, 사랑하는 마음에서 상대방이 변화되기를 바라는 모든 참된 소망마저도 꺾여버리고 만다」(쿠크의 앞의 책, p.127.)

바울은 에베소 교회 교인들에게 다음과 같이 강하게 권고합니다.

"모든 겸손과 온유로 하고 오래 참음으로 사랑 가운데서 서로 용납하고"(에베소서 4:2)

이렇게 번역된 성경도 있습니다.

"너희가 서로 사랑하기 때문에 관대하게 보아수어야 한다."

이것은 참 중요한 말입니다. 당신이 배우자를 사랑한다면, 당신은 배우자가 당신과 다르게 일을 처리하고 다른 식으로 생각해도 그것을 받아들일 수 있을 것입니다.

아브라함 슈미트(Abraham Schmidt)의 다음과 같은 말을 들어 보십시오.

「부부 싸움을 하다보면 행복한 결혼에 대한 소망은 깨어지게 된다. 그리고 왜 부부 관계가 이렇게 절망스럽게 되었는지 다시 점검해보게 된다. 그러다 문득 서로는 배우자를 주시하던 눈길을 자신에게로 돌려 이렇게 자문해본다.
'난 지금 저 사람에게 무엇을 하고 있는 걸까? 내가 뭘 잘못했을까? 내가 오해하고 있는 것은 아닐까? 이런 위기에서 벗어나려면 나는 무엇을 해야 할까?'

이런 식으로 정직하게 질문하다보면 그리 멀지 않은 곳에 답이 주어져 있음을 알게 된다.
'나는 아내가 나와 다르다는 바로 그 점 때문에 결혼하지 않았던가. 그녀를 내가 원하는 대로 바꾸어 놓는 것은 내 할 일이 아니야. 오히려 그녀만의 개성을 찾아내어 소중하게 여겨주어야 해. 하지만 그렇게 하기 전에, 아내에게 나의 독특한 개성이 무엇인지를 찾는 데 도와달라고 해야지. 그리고 내 자신이 우선 그러한 나를 받아들일 수 있어야 해. 그녀를 아름다운 꽃병으로 빚어내는 것은 내 임무가 아니다. 대신 그녀가 그것을 찾는 일에 함께 해주어야지. 내 힘으로 다른 사람을 변화시킬 수 있다고 생각했으니 얼마나 교만했던가. 나도 다른 사람에게 양보해야 할 필요가 있으며 그렇게 함으로써 변화되어야 할 사람이라는 사실을 깨닫는 것은 나를 참으로 겸손하게 만든다.'

부부 관계가 아름답게 되어가는 과정 속에서 남편과 아내 모두가 변하게 된다.」 (아브라함 슈미트, Conflict and Ecstasy-Model for a Maturing Marriage)

로이 페어차일드(Roy Fairchild)는 이렇게 말합니다.

「차이점이라는 것은 달리 말해서 곧 '개성'이다. 우리는 다른 누구도 우리를 대신할 수 없는 절내무이(絶對無二)의 개인들로 창조되었다. 우리 각자와 똑같은 사람은 이전에도 없었고 이후에도 없을 것이다. 배우자와 자신이 다르다는 것 때문에 불안을 느끼는 사람이 이 말을 듣는다면 아마 충격을 받을 것이다. 하지만 그들은 하나님께서 각 사람을 독특한 가치를 지닌 특별한 존재로 바라보신다는 것을 깨달아야 할 필요가 있다.」(로이 페어차일드, Christians in Famillies, Atlanta : John Knox Press, Marshall C. Dendy, p.149.)

당신은 배우자의 장점과 독특한 개성을 한번 죽 적어본 적이 있습니까?

당신은 배우자가 당신과 다르다는 이유를 가지고 하나님께 감사드린 적이 있습니까?

당신은 배우자가 가진 개성을 칭찬해 준 적이 있습니까?

제임스 페어필드(James Fairfield)는 다음과 같은 통찰력 있는 말을 했습니다.

「우리는 다른 사람을 자신의 고정 관념에다 끼어 맞추려고 애쓴다…하나님께서도 물론 그러하시다. 그러나 그 과정이 다르다. 우리가 다른 사람을 우리 입맛에 맞게 만드는 방법은 하나님의 방법과 엄청난 차이가 있다. 우리가 다른 사람들에게 요구하는 '되어져야 할 모습'이란 기껏해야 겉모습만 개

량(改良)시키는 정도이거나 아니면 아예 어떤 틀에 가두어버리고 마는 식이다. 우리 딴에는 상대방을 자유롭게 풀어준다고 한 것이 도리어 그 사람의 성장을 방해하는 또다른 형태의 굴레를 씌워주고 마는 것일 수도 있다.

그러나 하나님께서 우리 속 사람에게 일으키는 변화는, 언제나 우리를 자유롭게 하는 변화이며, 원래의 우리 모습인 하나님의 형상으로 회복시켜 가는 근본적인 변화이다.
바울은 고린도 교회 교인들에게 이 점을 말하고 있다.
"주는 영이시니 주의 영이 계신 곳에는 자유가 있느니라 우리가 다 수건을 벗은 얼굴로 거울을 보는 것 같이 주의 영광을 보매 그와 같은 형상으로 변화하여 영광에서 영광에 이르니 곧 주의 영으로 말미암음이니라"(고린도후서 3:17~18).」
(제임스 페어필드, When You Dont's Agree, Scottdale, Pennsylvnia : Herald Press, p.195.)

배우자와의 관계에서 상대방을 변화시키는 것은 당신이 책임지고 감당해야 할 일이 아닙니다. 그 일은 성령께서 잘 알아서 해주십니다. 당신이 해야 할 일은 성령께서 역사하신다는 사실을 믿고, 그분이 자유롭게 역사하실 수 있도록, 상대방을 항상 받아들이려고 노력하는 것입니다. 하나님께서는 당신을 그 모습 그대로 받아주십니다. 이러한 사실 때문에 당신은 마음껏 성장하고 발전해나갈 수 있습니다. 만일 당신이 배우자를 있는 그대로 받아들인다면 배우자는 자유롭게 성장해갈 것입니다.

그렇다고 해서, 상대방이 눈에 빤히 보이는 결점이나 남에게 피해를 주는 나쁜 점을 가지고 있는데도 무조건 입을 다물고 있으라는 말은 아닙니다. 당신은 그런 것에 대해 정직하게 말할 자격이 있고, 또 그렇게 해야만 하는 것입니다. 그러나 완벽하게 고쳐주려고 하는 책임감만은 그 당사자와 성령께 맡겨버리십시오.

두 사람이 다르다고 하는 것은 그들의 관계에 흥분과 재미를 더해주는 활력소가 됩니다. 결혼은 각기 다른 두 인격체의 결합이기 때문에 흥미진진할 수 있습니다. 둘이 똑같다고 한다면, 과연 무슨 재미가 있을까요?

우리나라(미국)에서 손꼽히는 절경(絶景) 가운데 하나가 테튼 국립공원에 있는 테튼 산맥입니다. 봉우리들이 저 깊숙한 골짜기로부터 불쑥 솟아올라 있기 때문에 보는 이로 하여금 경외심을 불러 일으키고 힘찬 생명력을 느끼게 해줍니다. 자연 그대로의 날카로운 바위

돌들이 제멋대로 어우러져서 각각의 산을 다양한 모습들로 빚어내고 있어 또한 멋있습니다.

바위 틈 사이에는 작은 얼음 조각들이 흩어져 있는데, 끊임없이 흐르는 폭포의 물줄기가 녹은 눈을 실어다준 것이지요.

산꼭대기서 조금만 내려오면 갖가지 나무들이 우거져 있는 아주 울창한 숲이 나옵니다. 그리고 여러 빛깔의 야생화들이 피어있는 넓다란 초원도 볼 만합니다.

좀더 가다보면 나무들이 듬성듬성해지고 비바람에 노출된 돌덩어리들이 삐죽삐죽 튀어나온 곳이 나타납니다. 그 회색빛 돌덩어리들은, 어떤 것은 옅은 색이고 어떤 것은 짙은 색이어서 다양한 변화감을 주고 있습니다.

바위돌, 얼음 조각, 그리고 숲을 비롯한 테튼 산맥의 여러 식구들은 다양한 시간의 흐름과 계절의 변화 속에서 변신을 거듭합니다.

무엇이 이런 기막힌 경치를 만들어냈을까요? 그것은 바로 모든 다양한 요소들, 즉 바위, 야생화, 얼음 조각, 눈, 비탈진 곳에 서 있는 나무 등이 합하여 이루어낸 것입니다. 만약에 각 산들의 크기, 높이, 모양, 빛깔이 모두 똑같았다면 테튼 산맥은 그다지 매력이 없었을 것입니다. 다양한 것들이 함께 있음으로 해서 경치가 훨씬 힘 있고 독특한 아름다움을 지닐 수 있었던 것이지요. 이와 마찬가지로 부부가 서로 다르다는 사실은, 그들의 관계에 생동감과 기쁨을 줍니다.

둘째로, 흠을 잡으려 하지 말고 상대방을 격려하는 것입니다.
남을 격려한다는 것은 그 사람이 용기를 가지도록 돕는 것을 의미합니다. 그것은 상대방을 신뢰하는 것입니다. 그래서 이렇게 말해주는 것입니다.
"당신은 그것을 할 수 있어요. 나는 당신을 지지하며 당신의 능력을 확신합니다."
남을 격려하는 것은 상대방을 무너뜨리는 행위가 아니라 세워주는 행위이며, 부정적인 것을 꼬집어내는 것이 아니라 긍정적인 것을 제시해주는 것입니다. 그리고 그것은 다른 사람이 변해야 할 것에 신경을 쓰는 것이 아니라 자신을 돌아보는 것입니다.

"하지만 어떤 어려움이 있더라도 내 배우자를 바꾸어놓는 것은 가능하다고 봅니다. 어디서부터 손을 대어 어떤 식으로 거쳐나가고 무엇을 변화시켜야 할지를 안다면 말입니다. 그럼 어디에서부터 시작해야 할까요?"
바로 당신 자신으로부터 시작하십시오. 배우자를 변화시키고자 하는 어떤 희망을 품기에 앞서서, 당신이야말로 결정적인 변화가 필요한 사람임을 깨달아야 합니다.

자꾸만 흠을 잡고 변하라고 하게 되면, 의식적으로든 무의식적으로든지 간에 상대방의 저항감만 불어나게 됩니다. 그리고 상대방에게 압박감을 주고 다그치게 되면 서로간의 이해하는 마음과 사랑, 용납함이 점점 없어지면서 결혼 생활이 어려워지게 됩니다. 그러니 이러한 모든 행동들을 중지하십시오.

참된 사랑을 베풀고 가능하면 용납해주겠다고 결심하십시오. 아무런 조건도 붙이지 말고 그러게 하십시오.

하지만 상대방을 변화시켜야만 하겠는데 그러지 말라고 하면 앞으로 어떻게 해야 하겠느냐구요? 방법은 있습니다. 바로 당신이 변화하는 것이지요.

말로써 혹은 무언(無言) 중에 조건을 대고 상대방을 받아들이려 하지 말고, 당신이 그 옛날 결혼식장에서 서약했던 대로 배우자를 기꺼이 받아들이십시오. 만약 당신이 매일의 삶에서 배우자에게 헌신을 보이지 않고 있다면, 당신이 했던 서약은 거짓말이 됩니다. 서약한 바에 따르자면, 당신은 배우자를 훈계하거나 뜯어고치려 하지 말고 사랑으로 대해주어야 합니다.

결혼이라는 아주 중대한 서약은, 자신이 배우자에게 합당한 사람이 되겠노라고 다짐하는 것입니다. 그러므로 내가 정말 나한테 딱 맞는 배우자를 골랐는지 따져보지 마십시오. 누가 그걸 알아서 이렇다 저렇다 말할 수 있겠습니까? 도대체 당신이 그야말로 꼭 맞는 완벽한 짝을 찾았다는 것이, 혹은 그렇지 못했다는 것이 뭐 그리 대단한 일입니까?

　당신은 어떠한 사람이 되고자 합니까? 지금 바로 이 자리에서부터 합당한 배우자가 되겠다고 약속하겠습니까? 그렇게 하고 또 그런 사람이 된다면, 당신과 배우자 모두에게서 좀더 나아진 모습들을 발견하게 될 것입니다. 지금 당장 자신의 모습을 바꾸어 보십시오.

「그러나 근본적으로 우리에게는 서로를 있는 그대로 받아들일 수 있는 능력이 없기 때문에 결혼은 파괴되어 간다. 비난이 생활 필수품이 되고 용서가 적게 공급될 때, 결혼을 아주 쉽게 망쳐놓을 수 있는 시장구조가 형성되고 만다.」(David Hubbard, Is the Family Here to Stay?, Waco, Texas : Word Books, p.32.)

셋째로, 상대방의 잘못을 차곡차곡 머리 속에 쌓아두지 않고 그를 진정으로 용서하는 것입니다.

이것이 당신의 감정이 상하더라도 상처받는 것을 기꺼이 감수하고 관계를 회복시키려고 노력해야 함을 의미합니다.

잠언 17장 9절을 보십시오.

"허물을 덮어 주는 자는 사랑을 구하는 자요 그것을 거듭 말하는 자는 친한 벗을 이간하는 자니라".

용서란 무엇이며 어떤 대가를 요구할까요? 그리고 어떤 유익을 줄까요? 다음의 말을 한번 들어봅시다.

「참된 용서는 '상처'라는 대가를 지불한다. 용서하는 사람은 상대방을 위해 자신을 내어주는 사람이다. 비록 그렇게 함으로써 자신의 마음은 아플지라도 말이다. 그리고 그 사람은 상대방의 죄악된 행위를 간과한다. 그렇다고 해서 그가, 죄를 가볍게 여긴다거나 별것 아니라고 상대방에게 말해주는 사람이라는 것은 아니다.

용서에 대해 쉽게 말하는 사람은 용서를 하지 않는 것이다. 그는 그저 대수롭지 않게 여기는 어떠한 것을 눈감아준 것에 지나지 않는다. 우리가 우리 마음을 아프게 한 사람(사실 그는 그 자신과 하나님의 마음까지도 상하게 한 것이다)을 사랑한다고 할 때, 우리는 진정한 용서보다는 단순히 너그럽게 보아주는 것에서 그치게 되기 쉽다. 그 사람이 죄를 지었다는 것이 심각한 일이며 나 자신도 똑같은 죄인이라는 사실을 인정하지 않고서는, 그리고 하나님께서 나와 그 사람 모두를 용서하신다는 사실을 인정하지 않고서는 용서란 불가능한 것이다.

예수님께서는 우리들의 죄를 용서하시기 위해서 깊은 고통의 길을 걸어가셨다. 우리가 서로서로에게, 그리고 하나님에게 어떻게 상처를 입히고 있는가를 정말 절실하게 깨닫고 있는 사람은 아무도 없다. 그러나 그분은 우리 인간이 죄 용서를 받을 수 있는 길을 열어놓으셨다. 우리의 자기 중심성이 준 아픔을 참아내시면서 십자가 위에서 치르신 그분의 희생의 의미를 깨닫게 될 때, 비로소 우리는 서로서로 용서하는 데서 오는 희생을 감당할 수 있는 능력을 얻게 된다.

용서한다는 행위는 언제나 우리의 희생을 요구한다. 하나님의 용서하심은, 하나님과 불화(不和)했던 우리 인간을 회복시키는 능력이 있다.

그런데 하나님의 용서하심이, 우리가 죄를 지었다는 분명한 사실과 그 심각성마저도 완전히 제거하는 것이 아니다. 또 우리가 죄를 저었다고 하는 기억까지 없애버리는 것도 아니다. 누가복음 15장에 나오는 돌아온 탕자도 자신이 머나먼 이방 땅에서 저질렀던 수많은 죄악들을 결코 잊어버리지 못했을 것이다.

하나님께서는, 우리의 죄로 인하여 깨어져버리게 된 그분과의 관계를 새롭게 다시 세우신다. 우리가 그분의 용서하심을 통해 그분과의 화해를 체험하게 될 때, 우리는 관계가 끊어져버렸던 사람들과도 화해할 수가 없게 된다.」(페어차일드의 앞의 책, pp.172, 173.)

「결혼 생활에서의 성숙함이란 상대방의 죄과를 용서해주고 다시는 기억치 아니할 수 있게 되는 것을 의미한다. 이렇게 할 수 있는 힘이야말로 그리스도인의 삶 가운데서 가장 핵심이 되는 부분이다. 왜냐하면 그는 하나님으로부터 사랑을 받았고 용납되어졌으며 이미 용서함을 받았기 때문이다. 이것은 너무나도 큰 선물이다.

바로 이런 체험을 했기 때문에 그리스도인은 미래에 대한 두려움을 가지지 않고, 기쁨이 충만한 가운데 앞을 향해 당당히 나아갈 수 있게 된다. 그리고 괜한 염려 없이 다른 사람들을 용서할 수 있게 된다. 남을 용서해줄 수 있는 이러한 행위는 인간의 관점에서 볼 때 결코 쉬운 일이 아니다. 하나님 편에서도 마찬가지이다. 그러기에 하나님께서는 그분의 친아들을 십자가의 희생물로 내어주실 수밖에 없으셨던 것이다.」
(George L. Earnshaw, Serving Each in Love, Valley Forge, Pennsylvania : The Judson Press. p.84.)

「남을 용서한다는 것은 어려운 일이다. 상대방에게 거부당하고 모욕당할까봐 두려워서 정신적으로 고통받고, 의심과 불신으로 긴장감이 도는, 문제투성이의 결혼 생활을 하는 사람에게는 특히 더 그렇다.

남을 용서한다는 것은 상처를 받는 것을 의미한다. 특히 도저히 용서받을 가치가 없고 용서를 구하지도 않으며, 용서해봤자 그것을 악용할 수도 있는 남편이나 아내까지도 용서해야만 한고 할 때 더 큰 상처를 받게 된다. 용서하는 것은 상처받는 것이다.

남을 용서한다는 것은 값을 지불하는 행위이다. 특히 결혼 생활에서 상대방이 저질러놓은 잘못에 대해 보상을 요구하는 대신에 그대로 용납하여주거나, 가혹한 앙갚음을 하는 대신에 상대방을 잘못으로부터 자유롭게 놓아줄 때, 그리고 괘씸하다는 생각을 계속 되씹는 대신에 사랑의 손길을 내밀 때, 우리는 큰 값을 지불하고 있는 것이다. 용서한다는 것은 이러한 큰 희생을 감당하는 것이다.」(데이비드 오그스버거, Cherishable:Love & Marriage, Scottdale, Pennsylvania : Herald Press, pp. 141,142)

「남을 용서한다는 것은 다보를 요구하지 않는다. 만약 남편이나 아내가 상대방에게 '나는 당신을 용서해줄 것이오, 당신이 앞으로 다시는 그러한 일을 절대 하지 않겠다고 약속한다면 말이오'라고 말을 한다면, 그러한 식의 용서는 미성숙한 용서이다. 이것은 조건부가 달린 용서이기 때문이다. 그것도 아주 크게 부담 되는 조건을 붙인!

하지만 신약성경을 보라. 거기에서 말하고 있는 용서는 결코 죄목을 깎아주고 용서를 파는 따위의 값싼 흥정이 아니다. 그리스도인이 남을 용서하는 것은 앞으로 당하게 될지도 모를 어떠한 불이익도 감수하겠다는 각오로 하는 것이다. 그리스도인의 용서는 모든 것을 거저 주고 모든 것을 건다!」(드와이트 H. 스몰,『'내가 할께' 라고 당신이 말한 후에』p. 1503)

당신은 배우자를 용서해주고 그와의 관계가 다시 회복되는 기쁨을 경험해본 적이 있습니까?

지금 당장 상대방에게로 가서 잘못했던 것을 고백하고 용서를 구하지 않겠습니까?

당신은 용서해주는 사람입니까?

용서하는 것은 은혜를 체험하게 하며 부부간의 친밀함을 돈독하게 해줍니다.

결론

좀더 나은 선택

테튼 국립공원에서 하루를 보내고 집으로 돌아갈 때가 되면 관광객들은 갖가지 추억거리들과 느낌들을 간직하게 됩니다. 그곳을 여행하는 동안 몹시 피곤했다 할지라도, 호수의 수면 위로 반짝거리는 햇살과 얼음 조각으로 꽁꽁 다져진 산의 아름다운 모습을 감상하면서 보낸 시간들은, 풍요로움으로 채워져 있을 것입니다.

하지만 반대로, 날씨 때문에, 괴상한 빌레들 때문에, 그리고 디즈니랜드에서 맛볼 수 있는 식의 즐거움이 없기 때문에 투털거리며 집으로 돌아올 수도 있습니다.

아니면 아예 집안에 틀어박혀서, 자연이 주는 아름다움과 그 숨은 잠재성을 발견하는 기쁨을 전혀 모르는 채 지낼 수도 있는 것이지요.

　이러한 다양한 각각의 행동들 가운데서 우리는 어떠한 것이든 선택할 수 있습니다. 우리는 자신의 의지를 가지고 삶의 방향을 선택할 수 있도록 창조되었기 때문입니다. 그래서 우리의 결혼 생활 가운데 특별히 어떤 부분에 관심을 집중할 것인가 하는 것도 스스로의 선택에 달린 문제인 것이지요. 우리는 상대방의 잘못과 단점만을 찾아내는 데 혈안이 될 수도 있고, 반대로 배우자가 지닌 장점을 발견해주고 격려해주는 데 힘쓸 수도 있습니다.

　만약 당신이 다양한 동물들의 생태를 연구해놓은 책을 어디선가 읽었다거나 아니면 실제로 관찰한 기회가 있었다면, 아마 대머리 독수리와 벌의 습관상의 차이를 알고 있을 것입니다.

　대머리독수리는 높은 하늘에서 빙빙 돌아다니며 먹을 것을 찾아 헤맵니다. 그들의 먹이는 주로 죽은 짐승이지요. 그리고 죽어가는 짐승을 발견하게 되면 그것을 물어다가 으슥한 산골짜기로 옮겨 놓습니다.

　하지만 벌의 모습은 이와 아주 상반됩니다. 우선 벌이 찾아다니는 것은 향긋한 꿀입니다. 벌은 정원에 피어 있는 갖가지 꽃들 속을 헤치고 다니면서 꿀을 식별해냅니다.

이리하여 벌이나 대머리 독수리나 모두, 자신이 찾던 것을 발견하게 됩니다.

이와 마찬가지로 부부도 그들이 찾던 것을 발견하게 됩니다. 부부는 결혼 생활을 하는 가운데 어떠한 길을 선택하게 됩니다. 그들이 어떠한 길을 선택하여 살아나가는가 하는 것은, 그 후의 그들의 결혼 생활을 이끌어나갈 모든 것들을 결정해버립니다. 당신은 결혼이라는 여행을 이제 막 시작한 사람일 수도 있겠고, 금혼식을 맞이한 사람일 수도 있습니다. 어떤 부부는 훗날 되돌아보면서 즐거워할 만한 많은 추억거리들을 가지고 있는 반면에, 어떤 부부는 극히 메마른 삶을 살아가기도 합니다.

당신이 지금 나이가 얼마이며 결혼 생활을 얼마나 오래 하였는가와는 상관없이 아직도 당신에게는 선택할 수 있는 시간이 주어져 있습니다. 당신에게는 결혼 생활을 더욱 풍성하게, 그리고 더욱 만족할 만하게 해줄 길을 선택할 여지가 아직 있습니다. 우리가 이 책을 통해 죽 살펴보았던 것들을 실천해 볼 수 있는 시간이 남아 있다는 것입니다.

앞으로 남은 결혼 생활을 새로운 마음을 가지고 다시 해나가며 배우자를 위해 헌신하겠다고 다짐하는 것은 당신의 선택에 달려 있습니다.

몇 해 전 결혼에 대한 세미나를 주관했을 때의 일입니다. 한 부부가 일어나서, 그들의 결혼 생활의 목표로 삼았던 것들을 들려주었습니다. 나는 그 목표들 중의 한 가지를 아직도 잊지 못하고 있습니다. 그 분들은 다음과 같이 말했습니다.

"우리가 이루고자 약속했던 결혼의 목표는, 우리가 금혼식을 맞게 되었을 대, 과거를 회상하면서 '우리 결혼의 마지막 10년이 가장 멋있었지?'라고 말할 수 있게 되는 것입니다."

이러한 목표를 이루는 것이 우리에게도 가능합니다.

어떤 부부는 결혼 생활의 마지막 10년을 어둡고 지루하고 답답했던 시간들이었다고 되돌아볼 수도 있습니다. 하지만 그렇게 되는 것을 피할 수도 있습니다. 오히려 그 기간이 해질녘의 광채(光彩)처럼 눈부시게 빛날 수도 있습니다. 해가 지는 것은 오늘보다 나은 내일이 온다는 것을 알려주는 것입니다. 늘 새로운 것을 발견해나가고, 하나님을 찬양하는 영원한 노래가 있는, 훨씬 더 나은 내일을 말입니다.

사실 해가 지는 모습은 해가 뜨는 모습과 너무도 비슷합니다.

더욱 행복한 부부가 되십시오!